마혼이 **되기 전**에

TOOLS OF TITANS and TRIBE OF MENTORS: Short Life Advice from the Best in the World by Timothy Ferriss(gift book edition)

TOOLS OF TITANS by Tim Ferriss
Copyright © 2017 by Timothy Ferriss
Illustrations © 2017 by Remie Geoffroi
TRIBE OF MENTORS: Short Life Advice from the Best in the World
by Timothy Ferriss
Copyright © 2017 by Timothy Ferriss

All rights reserved.
TRIBE OF MENTORS, TOOLS OF TITANS, TIM FERRISS,
TIMOTHY FERRISS, THE 4-HOUR, THE 4-HOUR WORKWEEK,
THE 4-HOUR BODY, THE 4-HOUR CHEF, SLOW-CARB DIET,
OTK, and 5-BULLET FRIDAY are trademarks or registered trademarks,
all under license. All rights reserved.
This Korean edition was published by Tornado Media Group Ltd. in 2018
by arrangement with Houghton Mifflin Harcourt Publishing Company
through KCC(Korea Copyright Center Inc.), Seoul.

이 책은 (주)한국저작권센터(KCC)를 통한
저작권자와의 독점계약으로 토네이도미디어그룹(주)에서 출간되었습니다.
저작권법에 의해 한국 내에서 보호를 받는 저작물이므로 무단전재와 복제를 금합니다.

마흔이 되기 전에

팀 페리스 지음 | **박선령 · 정지현** 옮김

"가장 탁월한 결과를 얻는
가장 지혜로운 노력을 찾아라."

ᔒ ORNADO
토네이도

◆ 차례 ◆

66

당신이 추구하는 것이, 당신을 찾고 있다.

99

_루미Rumi

"모든 것은 투쟁 속에서 발견된다."

《타이탄의 도구들》그리고《지금 하지 않으면 언제 하겠는가》
의 집필을 위해 지난 몇 년 동안 나는 세계 최고 자리에 오른 수
백 명의 인물을 만났다. 그들을 정상에 오르게 한 보석 같은 성공
습관들을 캐면서 궁금했다.

'이 엄청난 사람들은 20~30대 시절을 어떻게 보냈을까?'

그래서 열심히 그들의 스무 살, 서른 살 시절의 고군분투를 추
적해보았다. 그리고 그 결과를 이 책 한 권에 담았다. 하버드대
최고의 지성부터 글로벌 CEO에 이르기까지, 그들에게 빛나는
승리를 안겨준 키워드와 단서들을 한 줄로 요약하면 이렇다.

'마흔 전에 8부 능선을 넘어라.'

마흔이란 나이는 누구에게나 상징적인 경계선이다. 젊은 시절의 뜨거운 질주가 만들어낸 결실들을 구체적인 형태로 만들어가는 시기가 마흔이다. 마흔이 되기 전에 목표의 8할을 만들어내지 못하면 계속 뛰어야 한다. 다만 마흔 이후의 질주는 썩 매력적이지 않다.

모두가 잘 알고 있겠지만 성공은 열심히 노력하다 보면 어느 날 갑자기 찾아오는 것이 아니다. 자신의 노력에 지혜로운 이름을 달아, 그토록 힘겨운 노력이 무명의 헛수고가 되지 않게 이끌어야 한다.

이 책에는 결국 최고의 결과를 끌어낸 노력들이 담겨 있고, 거기에는 100개 이상의 이름이 붙어 있다. 마지막 장을 읽고 난 당신의 이름 또한 이 책 곳곳에 새겨지길 바란다.

어떻게 해야 마흔 전에 8부 능선을 돌파할 수 있을까?

그냥 뛰면 안 된다. 영리하게 에너지와 역량을 비축했다가 결정적인 순간 폭발적인 가속을 붙여 경쟁자들을 단숨에 따돌려야 한다. 이 책에는 젊은 당신에게 폭발적인 속도를 붙여줄 세계적인 코치들의 이름이 담겨 있다. 그들을 기억하라.

20~30대에 인생을 바꾸는 티핑포인트를 만들어낸 사람들, 20~30대에 이미 자기 분야에서 독보적인 성공을 거둔 사람들의

이야기는 당신의 모든 것에 조금씩 균열을 만들 것이다. 당신이 갖고 있는 것들의 8할을 무너뜨릴 것이다. 남아 있는 20퍼센트로 새로운 80퍼센트를 만들 수 있도록 최선을 다해 도울 것이다.

《타이탄의 도구들》을 읽어준 수많은 젊은 독자들, 세계 최고들과의 뜨거운 인터뷰를 담은 팟캐스트 방송 〈팀 페리스 쇼〉를 아껴준 전 세계 경이로운 숫자의 청취자들이 없었다면 이 책《마흔이 되기 전에》는 탄생하지 못했을 것이다. 그들이 가장 뜨거운 반응을 보내준 세계 최고들의 지혜로운 문장과 차갑게 빛나는 말들을 이 책에 담기 위해 나 또한 마흔 번째 생일부터 지금까지 분투했다.

이제 당신이 뛸 차례다.

인생을 바꾸는 건 수천 권의 책, 수천 시간의 노력이 아니다.

한 권의 책, 한 마디의 말, 한 줄 문장이다.

그 '하나'를 얻기 위해 수천 권의 책을 수천 시간의 노력을 들여 읽는 것이다.

젊은 당신은 앞으로도 쉽지 않을 것이다.

수없이 많은 폭풍을 만날 것이다. 중요한 것은 불을 피우고 몸을 녹이면서 폭풍이 지나가기를 기다리는 것이다. 그 불꽃, 즉 어려움을 헤쳐 나가게 해주는 여러 의식이나 습관, 인간관계, 기법은 폭풍이 주는 이로움에 대해 생각하도록 해준다. 인생에서 초록색을 원한다면 회색 또한 자연 주기의 일부분임을 알아야 한다.

당신은 결함을 가진 존재다.

인간이기 때문이다.

당신에게는 세상과 나눌 선물이 있다.

어둠 속에서 괴물과 싸워야 할 때 꼭 기억하기 바란다. 누군가 거기에서 당신과 함께 싸우고 있다. 당신은 혼자가 아니다. 당신 옆에는 커다란 부족이 있고 그중 수많은 이들이 지금 이 책을 읽고 있다.

내가 얻은 인생의 보석들은 모두 투쟁 속에서 찾은 것들이다.

절대로 포기하지 마라.

당신의 폭발적인 질주를 기원하며,

팀 페리스

01

"천천히 그리고 아주 쉽게!"

나는 젊은 체조 선수들에게 2가지를 주문한다.

첫째, 천천히 하라.

젊은 그들은 대부분 열정과 패기에 넘쳐 빠른 결과를 얻고자 처음부터 허겁지겁 서두른다. 그렇게 서두르는 경우 얻을 수 있는 대가는 부상뿐이다. 의미 있는 결과를 얻으려면 몇 주 또는 몇 달, 몇 년에 걸쳐 지속적으로 '자극'을 주어야 한다. 최고의 선수들은 오랫동안 아무 진전도 없다가 어느 순간 놀랍게 한 단계 도약하는 경험을 반드시 갖고 있다. 갑작스럽게 자신을 전혀 다른 세계로 이동시키는 그 환상적인 경험을 갖기 위해선 '천천히 해야 한다.'

둘째, 아주 쉬운 것부터 시작하라.

천천히, 규칙적으로 원하는 목표를 향한 자극을 얻으려면 쉬운 것에서 출발해야 한다.

이 세상에는 어리석은 선수도 있고 나이든 선수도 있다. 하지만 나이 들어서까지 어리석은 선수는 없다. 그런 사람은 모두 이미 퇴출되거나 스스로 자취를 감췄으니까. 나이 들어서까지 아둔한 선수가 되지 않으려면 쉽고 작은 것부터 시작해야 한다. 그래야만 지루함과 조바심 없이 폭발적으로 성장하는 단계까지 갈 수 있다.

쉽지 않은 것에서 출발하면 절대 참을성을 발휘할 수 없다. 최고들은 인내심 안쪽을 뼈를 깎는 고통이 아니라 쉽고 단순한 것으로 채우기 때문에 언제나 최고의 끈기를 발휘한다.

크리스토퍼 소머 Christopher Sommer
미국 체조 국가대표팀 코치를 역임한 크리스토퍼 소머는 운동 훈련 시스템인 짐네스틱바디 GymnasticBodies의 설립자다. 그는 자신의 평범한 제자들을 세상에서 가장 강하고 뛰어난 선수로 키워냄으로써 세계적인 명성을 얻었다.

02

"폴 뉴먼처럼 살라."

똑똑하고 의욕 넘치는 대학생 여러분.

그런데 내가 지금 왜 여러분에게 이런 인사를 건네고 있는 거지? 나는 여러분 같은 사람과 어울려본 적이 없다. 혹시 〈베이비 드라이버Baby Driver〉라는 영화를 보러 가지 않겠는가? 아, 바쁘고 의욕 넘치는 대학생이라서 그런 영화는 안 본다고?

알겠다. 그럼 지금부터 나와 함께 맥주를 몇 잔 마시는 건 괜찮은가? 좋다, 댁들이 뭐라 하건 어쨌든 나는 마실 거니까.

곧 현실 세계에 진입하게 될 대학생에게 해주고 싶은 조언은 특별한 건 아니다. 여기저기서 항상 듣던 얘기겠지만 그래도 다시 한 번 해주고 싶다. 그건 이미 자기 안에 뿌리 내리고 있는 꿈을 좇으라는 거다. 그 꿈이 뭔지 모르겠다고 말하는 사람도 있겠지만, 여러분 안에는 분명히 꿈이 존재한다. 내가 장담한다.

그건 여러분을 위한 것이다.

다른 사람이 아닌 바로 여.러.분.

여러분은 그 꿈을 따르게 되어 있다. 마치 명령을 따르듯이 말이다.

주변 사람들이 여러분에게 기대하는 일만 하거나 돈을 벌려는 목적으로만 일해서는 안 된다. 그렇게 할 경우 한동안은 괜찮을지 몰라도, 40대에 접어들 무렵 매우 억울한 기분이 들 것이다. 주변에서 그런 모습을 자주 보는데, 참 안쓰러운 일이다.

또 하나 중요한 일은, 여러분보다 운이 없는 사람들을 돕고 지구를 구하는 것이다. 자, 그럼 (맥주를 쭉 들이키면서) 행운을 빈다.

뭔가 이기적이지 않은 일을 한다면 생이 끝날 무렵에 훨씬 행복하고 선량한 사람이 되어 있을 것이다. 그 이기적인 일(여러분의 꿈)을 하는 것이 옳은 것이라 하더라도 말이다.

아, 그리고 좋은 아내, 좋은 남편, 좋은 엄마, 좋은 부모, 좋은 친구가 되자.

불운을 웃음으로 넘기며 누구에게나 다정하고 따뜻했던 배우 폴 뉴먼Paul Newman을 추모하며 그가 살았던 방식을 똑같이 따라하면 된다.

조엘 에드워드 맥헤일 Joel Edward McHale

〈더 수프The Soup〉의 진행자이자 〈커뮤니티Community〉라는 인기 코미디 시리즈의 주역으로 유명하다. 미국 전역을 돌아다니면서 스탠드업 코미디 공연도 했는데, 공연마다 매진 사례를 기록했다. 2014년에는 워싱턴 D.C.에서 열린 연례 백악관 기자단 만찬회의 사회를 봤고, 2015년에는 ABC에서 방영된 ESPY어워드(미국 스포츠 스타들을 대상으로 한 시상식 – 옮긴이) 사회를 봤다. 로마에서 태어나 시애틀에서 자란 조엘은 워싱턴 대학교에서 역사학을 전공했다.

03

"젊음을 바치지 마라."

2가지만 명심하라.

첫째, 자기가 무슨 일을 하는지 안다고 말하는 사람을 믿어서는 안 된다.

둘째, 나이가 들수록 우리는 사랑하는 사람과 시간을 보내고 싶어 한다. 이걸 빨리 깨달았으면 좋겠다.

내 삶의 모토는 '지금 여기에 충실하자'다.

꾸준히 노력하긴 하지만 항상 성공하지는 못한다. 그럼에도 인생은 무척 짧기 때문에 우리에게 중요한 건 현재뿐이다. 추억도 소중하긴 하지만 그건 과거의 일이며 미래는 지금 여기에 없다.

나이가 들수록, 내가 사랑하고 소중히 여기는 사람들과 함께 하는 순간을 충실하게 보내려고 노력한다. 젊은 날 나는 별로 중요하지도 않은 일에 골몰하느라 너무 많은 시간을 써버렸다. 그 과정에서 별 의미도 없고 행복을 가져다주지도 않는 일들 때문에 엄청난 스트레스에 짓눌렸다.

나처럼 살지 않으려면 다음을 명심하라.

젊음을 바쳐 얻어야 할 것은 없다.

젊음을 절대 뭔가에 바치지 마라.

젊은 날을 잃는 건 모든 날을 잃는 것이다.

진심으로 신신당부한다.

'느긋해져라.'

벤 스틸러 Ben Stiller

〈월터의 상상은 현실이 된다〉로 세계적인 배우 반열에 올랐다. 지금껏 50편이 넘는 영화의 각본을 쓰거나, 출연하거나, 감독을 맡거나, 제작을 했다. 그의 영화는 평균 한 편당 7,900만 달러의 수익을 올렸다. 에미상, MTV 무비 어워드, 틴 초이스 어워드Teen Choice Award를 비롯한 많은 상을 받는 영예를 얻었다.

04

"오늘 밤엔 내 침대에서 잘 수 있어!"

나는 정말 힘들 때마다 다음의 문장을 속으로 세 번 외친다.

'오늘 밤엔 내 침대에서 잘 수 있어!'

지금 겪고 있는 고통은 일시적인 것임을 상기시키는 의식이다. 그러면 거짓말처럼 큰 위로와 힘을 얻는다.

당신 또한 살면서 무수한 고통을 만날 것이다. 고통을 물리치려면 그 고통을 아무것도 아닌 것으로 만들어야 한다. 내가 아는 소위 '성공자들' 중에는 고통에 이름을 붙여 친구처럼 다정하게 부르는 사람도 있다. 지금 당신이 읽고 있는 이 책의 지은이 팀 페리스처럼 '고통을 사랑하라'는 주문을 입에 달고 사는 사람도 있다.

별 것 아닌 것처럼 보일 수도 있겠다. 하지만 에너지를 불어넣어 주는 주문을 갖고 있는 건 실로 효과가 크다. 고통, 두려움, 공포가 가장 좋아하는 건 '준비 운동' 없이 덤벼드는 사람이다. 고통을 만났을 때가 아니라, 언제든 고통을 만날 것을 대비해 평소에 계속 몸을 풀어놓으면 강한 사람이 될 수 있다.

타인의 말과 성공 사례에 밑줄 치는 것은 중요한 학습이다. 이와 함께 서른 살에는 삶의 지표로 삼을 수 있는, 당신이 직접 만든 문장을 갖는 것도 매우 중요하다.

거창할 필요는 전혀 없다. 당신의 심장을 뛰게 하고 당신의 피를 뜨겁게 하는 것이면 무엇이든 좋다.

'오늘 밤엔 내 침대에서 잘 수 있어!'

이 문장 하나가 팀 페리스의 인터뷰 대상이 되는 영광을, 그리하여 당신에게 이렇게 작은 조언을 해줄 수 있는 사람이 될 수 있는 엄청난 기회를 내게 선물했다.

크리스 사카 Chris Sacca
구글에서 일했고 트위터, 우버, 인스타그램, 킥스타터 등을 발굴한 글로벌 투자자이자 슈퍼 리치다.

05

"흥미진진한 문제를 풀어라."

　인생에 대해 곰곰이 생각해보면, 대부분의 사람들은 다양한 카드를 가지고 다양한 테이블을 돌아다니기보다는 이미 갖고 있는 카드로만 게임을 하면서 거의 모든 시간을 보낸다.

　탁월한 삶을 살려면 내 카드를 끊임없이 의심해야 한다. 타인의 카드는 바꿀 수 없지만 내 카드는 바꿀 수 있다. 다시 말해 다른 사람을 바꾸려고 골몰하지 말고, 내 자신이 먼저 기꺼이 바뀔 채비가 되어 있어야 한다는 뜻이다. 나는 이 채비를 하는 데 서른 살을 모두 보냈다.

　누구나 성공할 가능성을 갖고 있다. 누구나 자신이 생각하는 것보다 더 큰 힘을 갖고 있기 때문이다. 아울러 누구나 실패할 가능성 또한 갖고 있다. 그 힘을 갖고 뭘 할지를 모르기 때문이다.

진심으로 말하건대, 젊은 날에는 타인을 이끄는 방법과 흥미로운 문제를 푸는 방법을 체득해야 한다. 이 지구상에는 적은 돈을 받고도 기꺼이 순종하면서 더 열심히 일하려는 사람들이 너무나 많다. 따라서 당신이 경쟁자들보다 더 순종하는 건 불가능하다. 당신이 그런 경쟁자들을 따돌릴 수 있는 유일한 길은 리더십과 문제 해결 능력 면에서 앞서는 것이다.

교과서 내용을 달달 외워 A학점을 받는 사람은, 언제나 그 카드만 만지작거리는 삶을 산다. 카드를 바꾸려면 흥미진진한 문제를 내 삶에 제시하고, 실패하든 성공하든 상관없이 그 문제에 대한 흥미진진한 답을 내놓는 연습을 해야 한다.

당신이 시험에서 몇 점을 맞는지는 정말 중요하지 않다.

중요한 것은, 당신이 그 문제에 대해서 '자신에게 할 말이 있는가'다.

카드를 바꿔 성공하고 싶은가?

하루에 하나씩, 흥미진진한 문제를 풀어라.

세스 고딘 Seth Godin
세계 최고의 마케팅 전문가. 18권의 베스트셀러를 썼고, 35개 이상의 언어로 번역되었다.

06

"시간은 낼 수 없다."

지금껏 살면서 내가 가장 소중하게 여기는 깨달음은 시간은 '의도적으로' 내기가 거의 불가능하다는 것이다. 생각해보라, 뭔가를 하기 위해 시간을 내본 적이 과연 얼마나 되는지를? 얼마나 많은 시간을 펑크 냈는지를?

시간을 억지로 내려고 하기보다는, 일정을 짜야 한다. 나는 매주 화요일 오전 10시부터 12시까지는 '학습' 이외에 아무런 일정도 정해두지 않는다. 그러고 나자, 어떤 중요한 돌발 상황이 생겨도 이 시간만큼은 신기하게도 완벽히는 아니지만 거의 확보할 수 있었다.

그렇다. 어떤 일이든 '일정표'에 적혀 있어야만 실제로 실행

할 수 있는 것이다. 나는 이런 일정 짜기를 확대해 매주 수요일 오전 9시부터 오후 1시까지의 시간은 '창작'에 할애한다. 마치 대학생 시절 강의시간표를 짜듯, 내 삶에 꼭 필요한 수강과목을 '일정화'하면 큰 효과를 얻을 수 있다.

일정표를 짜지 않으면 마치 시간이 무한대로 주어지는 것 같은 착각에 빠진다.

'아니, 어떻게 이렇게 일주일이 빨리 지나갔지?'

'어라, 벌써 12월이라니!'

너무 바쁘게 사느라 시간 가는 줄도 몰랐다는 이런 탄식이 삶에 도움을 주는가?

나도 그런 줄 알았다. 시간 가는 줄 모르고 정신없이 사는 게 뿌듯함을 주는 행복인 줄 알았다.

하지만 틀렸다. 넓은 바다에 던질 그물을 짜듯 일정표를 만들지 않으면, 아무것도 손에 넣지 못한 채 시간만 빠르게 흘러갈 뿐이다.

성공하는 사람들은 일정표를 만드는 데 가장 많은 시간을 쓰는 사람들이다.

이 사실을 기억하면 당신의 20~30대는 타인보다 더 많은 시간으로 채워질 것이다.

노아 케이건 Noah Kagan

페이스북의 서른번째 직원이고 민트닷컴(인튜이트에 1억 7,000만 달러에 매각됨)의 네번째 직원이었으며 웹사이트 트래픽을 늘리는 데 필요한 도구를 무료로 제공하는 서모미 SumoMe의 최고 서모(설립자)이기도 하다. 그는 인생을 더 짜릿하게 만들기 위해 타코 전문가가 되어, 4가지 새로운 제품을 개발해 100만 달러 이상의 수익을 올렸다.

07

"자극을 주는 사람들을 팔로우하라."

　세상에서 가장 성공한 사람들과 교류를 나누다 보면 흥미로운 사실을 하나 알게 된다. '부끄러움을 무릅쓰지 않으면 아무것도 얻지 못한다'는 메시지를 실행에 옮겨 목표를 이루는 사람들이 꽤 된다는 뜻이다.

　방금 전에 소개한 노아 케이건도 마찬가지다. 최근 그는 6개월 만에 근육량을 18킬로그램이나 늘리는 데 성공했다. 그가 이용한 동기부여 방법은 자신의 인스타그램 피드에 온갖 변명을 일축시키는 이미지와 동영상을 잔뜩 올려놓는 것이다.

　이 방법은 나도 똑같이 따라하고 있는데, 효과 만점이다.

　나이가 너무 많다고? 나이가 너무 어리다고? 소질이 없다고?

당신의 헛소리를 막아줄 수 있는 사람을 찾아보라.

내가 팔로우follow하는 인스타그램 계정을 몇 개 소개한다.

@matstrane: 55살인 이 사람은 나이에 대해 불평하는 나를 민망하게 만들었다. 그는 48살의 나이에 트레이닝을 시작했다고 한다.

@gymnasticbodies(크리스토퍼 소머 코치): 그가 가르치는 학생들은 대부분 앉아서 지내는 시간이 많아지는 성인기에 체조를 배우기 시작했다.

@arboone11: 《타이탄의 도구들》에서 소개한 아멜리아 분 Amellia Boone이다. 내가 지금까지 만난 사람들 가운데 가장 터프한 여성이다. 그녀는 애플 사에서 상근 변호사로 일하면서도 24시간 내내 이어지는 장애물 경주 레이스, 월드 터피스트 머더World's Toughest Mudder에서 남녀 통틀어 유일하게 세 차례 우승을 차지한 철인이다.

@bgirlmislee: 브레이크 댄서이자 스턴트우먼인 이 사람은 1990년대까지만 해도 여성에게 '불가능'하다고 여겨졌던 '파워 무브(물구나무를 서서 한 손으로 깡충깡충 뛰는 것 등)'를 해냈다.

@jessiegraffpwr: '여성 닌자 전사' 도전자. 그녀의 악력을 느껴보면 내 팔뚝의 나약함에 눈물이 나올 정도다.

@jujimufu: 공중에서 카포에이라capoeira(브라질의 무술 춤)를 추거나 다리를 180도로 벌리거나 기타 여러 가지 미친 짓을 하는 '근육으로 단련된' 공중 곡예사. 강인함과 유연함은 결코 상호 배타적이지 않다는 사실을 유감없이 보여준다. 그는 매우 재미있는 사람이기도 하다.

내가 하고 싶은 일, 원하는 목표를 먼저 이룬 사람들을 팔로우하라. 빠르고 쉽게 배울 수 있는 지혜들 중 하나다.

팀 페리스

08

"짧은 여행에 필요한 것들."

여행을 떠날 때 열정에 넘치는 당신은 모든 걸 두 개, 세 개 씩 가져갈 것이다. 하나를 잃어버리면 다른 하나로 백업하려고 말이다.

하지만 생각해보라.

여행을 가서 가장 잘 잃어버리는 것이 치약인가? 숟가락인 가? 노트북인가?

하나라도 잃어버리지 않기 위해서 온통 짐가방에 신경을 쓰 느라 정작 여행이 주는 재미와 감동을 잃어버리고 있지는 않은 가?

인생은 이 세상에서 가장 짧은 여행 중 하나다.

계획만 세우다가 끝날 수도 있다.

짧은 여행을 떠나는데, 1톤짜리 짐을 싸지 마라.

톰 피터스 Tom Peters

경영 구루. 20세기 최고의 경영서로 평가받는 《초우량 기업의 조건In Search of Excellence》
의 지은이다. 지금껏 전 세계를 다니며 2,500회 이상의 강연을 했다.

09

"예의를 잊지 마라."

마음껏 직설적으로 말해도 되고, 시간 약속에 늦어도 뭐라 할 사람 없고, 언제든 휴가를 떠나도 될 만큼의 능력을 갖추기 전까지는 예의 바르게 행동하고 시간을 엄수하고 정말 열심히 일해야 한다. 그리고 마침내 앞에서 말한 능력들이 완전히 생기는 날이 오더라도 한 가지는 꼭 잊지 마라.

예의바른 행동 말이다.

애쉬튼 커쳐 Ashton Kutcher
유명 배우이자 투자자다. 그는 에어비앤비, 스퀘어Square, 스카이프Skype, 우버, 포스퀘어 Foursquare, 듀오링고Duolingo 등의 기업에 투자해 성공함으로써 명성을 얻었다.

10

"지킬 수 없는 약속을 하라."

서른 살 독자들에게 해주고 싶은 조언이 있다.

'앞으로 당신의 삶은 결코 쉬워지지 않는다. 나이가 들수록 도전도 커진다.'

그렇다, 쉽지 않다. 편해지지도 않고, 때려치우기도 어려워진다.

답은 어제도 오늘도 내일도 고군분투하는 것이다. 고군분투의 결과를 좋게 만드는 방법이 하나 있다. 지킬 수 있을지 확실하지 않은 약속을 한 후, 그것을 지킬 방법을 찾아내는 것이다.

이베이eBay에서 작은 규모의 판매자로 일하고 있던 나는 어느 날 문득 재미삼아 고객 피드백을 적는 란에 'nastygalvintage.com

개봉박두' 같은 코멘트를 남기기 시작했다. nastygalvintage.com
는 내가 꿈꿔온 의류 쇼핑몰 사이트다. 물론 코멘트를 남겼던
당시는 이 사이트를 만들 자금도 시간적 여유도 없었을 때였
다. 하지만 그렇게 얼굴도 모르는 고객들에게 사이트를 개봉하
겠다는 약속을 남기고 나자, 실제로 그 일을 구체적 실행으로
옮기고 있는 나를 발견할 수 있었다.

정말 놀랍게도 이 사이트에 대해 흥미를 보이는 고객들 또한
진짜 나타나기 시작했다.

'젠장, 진짜 빨리 웹사이트를 만들지 않으면 고객들의 비웃
음이 쏟아지겠군.'

그렇게 내 사업의 첫 웹사이트가 개설되었고, 오늘날 내가
운용하는 회사의 밑바탕이 되어주었다.

나는 마침내 깨달았다.

원하는 목표와 꿈을 '약속'이라는 형태로 만들면 그것을 지
키기 위한 노력이 더 쉬워진다는 것을.

약속은 목표를 시각화하는 효과를 준다.

훗날 내 분야에서 내로라하는 실력자들과 교류했을 때 그들
또한 자신의 목표를 사람들 앞에서 의도적으로 '공언(공약)'하
고 나면 그것을 더 이루기가 쉬워진다고 입을 모았다.

성공하고 싶다면, 지킬 수 없는 약속을 하라.

그리고 반드시 그것을 지켜라.

소피아 아모루소 Sophia Amoruso

빈티지 의류 및 신발, 액세서리를 파는 글로벌 온라인 기업 내스티 갤Nasty Gal의 설립자
이자 회장이다. 2006년에 설립된 내스티 갤은 3년 만에 1만 퍼센트를 웃도는 성장률을 보
여 2012년 〈Inc.〉 선정 가장 빠른 성장세를 보이는 기업 명단에 포함되었다. 〈포브스〉는 그
녀를 "패션계의 새로운 현상"이라고 정의했고, 최근에는 디자인, 패션, 음악계에 종사하는
여성들을 경제적으로 지원하는 걸보스 재단Girlboss Foundation을 설립했다. 그녀의 첫 책
《걸보스Girl Boss》는 〈뉴욕 타임스〉 베스트셀러에 올랐고 15개국에서 출간되었다.

11

"좋은 기분을 만들어라."

나는 매일 아침 일어나자마자 몇 시간 동안 좋은 기분에 돌입하기 위해 전력을 다한다. 흥미로운 아이디어가 떠오르거나 자기혐오의 정도가 심해서 뭔가 조치를 취하지 않으면 안 될 때까지.

몇 시간 동안의 산책, 커피 마시며 신문 읽기, 음악 듣기 등을 한 후에 비로소 일을 시작한다. 통상 오전 11시나 오후 2시 사이에 본격적으로 일을 한다.

누군가는 이런 내 습관을 효율성과는 거리가 멀다고 생각할지도 모른다. 대체 인류 역사상 가장 바쁜 시대에 아침부터 몇 시간을 커피나 마신다는 게 말이 되는가!

나 또한 한가한 사람이 아니다. 누구보다 바쁜 하루를 보내는 사람이다. 그래서 이 습관이 너무나 중요하다.

내게 10시간이 주어진다면 그중 9시간은 좋은 기분을 만드는 데 쓰고 남은 한 시간을 글쓰기나 아이디어 짜기 등에 보낼 것이다. 일 그 자체보다 일을 할 수 있는 분위기를 조성하는 게 훨씬 더 중요하다.

성공하는 사람들을 보면 늘 빈둥거리는 것 같다. 그건 아직 그들이 본연의 업무에 들어가지 않았다는 시그널이다. 일의 결과를 극대화하기 위해 커피를 마시고 산책을 하고 있는 것이다. 반면에 아주 꽉 짜인 일정을 보내면서도 조금도 흐트러짐이 없는 스마트한 사람들이 있다. 이유는 간단하다. 아침 일찍 일어나 절정의 컨디션을 보일 수 있는 준비 의식을 가졌기 때문이다.

아침에 몇 시에 일어나는지는 중요하지 않은데, 사람들은 온통 기상시간에 신경을 쓴다. 몇 시에 일어나든 상관없다. 하루의 시작을 어떤 습관으로 시작하는지가 더 중요하다.

좋은 기분을 만드는 데 최선을 다하라.

미국에서 가장 사랑받는 대통령 에이브러험 링컨Abraham Lincoln은 이렇게 말했다.

"나무를 베는 데 6시간을 준다면 4시간은 도끼날을 가는 데 쓸 것이다."

좋은 기분을 만드는 데 성공하면, 남들이 10시간 걸릴 일을 30분에 해치우게 된다.

B. J. 노박B. J. Novak

에미상을 받은 코미디 드라마 시리즈 〈더 오피스The Office〉의 배우이자 작가, 감독, 총괄 프로듀서. 쿠엔틴 타란티노 감독의 〈바스터즈: 거친 녀석들〉, 디즈니의 〈세이빙 미스터 뱅크스〉 같은 영화에도 출연했다. 평단의 찬사를 받은 단편소설집 《One More Thing》과 〈뉴욕 타임스〉 베스트셀러 1위를 기록하며 100만 부 넘게 팔린 《The Book with No Pictures》의 작가다. 모든 것에 관한 리스트를 만들고 발견하는 새로운 방식을 제공하는 'li.st'를 공동 설립했다.

66

당신 자신이 되어라. 다른 사람은 모두 이미 누군가가 차지했다.

99

_오스카 와일드_Oscar Wilde

66

벌거벗은 몸으로 거리를 걸어가면서 자신의 마음과 정신,
그리고 내면에 존재하는 것을 너무 많이 드러내고 있다고 느끼는 순간,
그때가 바로 당신이 상황을 제대로 보기 시작하는 순간이다.

99

_닐 게이먼Neil Gaiman

12

"메이커 모드를 만들어라."

위대하고 창의적인 일은 한 번에 30분 동안 했다가, 나중에 45분 동안 했다가 하는 방식으로는 불가능하다. 최소한 3~5시간의 아무런 방해도 받지 않는 큰 덩어리의 시간을 확보해야한다. 일주일에 한 번 큰 덩어리의 시간을 갖는 것만으로는 충분하지 않다. 여러 날 동안 느슨한 시간을 충분하게 가지면서 중앙 시스템에서 집중 통합이 이루어져야 한다.

내 경우엔 매주 적어도 3~4일 동안 아침부터 최소 오후 1시까지 '메이커maker' 모드에 돌입한다. 무언가에 반응하면 메이커 모드가 불가능하다.

"2만 5,000달러짜리 투자 프로젝트가 있는데 참여해볼래?

인기가 좋아서 내일 빠르게 마감이야. 관심 있어?"라는 이메일이나 문제는 나에게 창의성의 무덤과도 같다.

일 잘하는 사람들은 자신의 일을 '프로젝트화' 하는 데 뛰어난 능력을 발휘한다. 매일의 진도를 시각화(그래프나 눈금)해 체킹하고, 자신의 진도가 효과적인지 타인들의 피드백을 받으며, 빈둥빈둥거리다가 갑자기 몇 시간을 꼬박 책상 앞에 앉아 무서운 속도로 일한다.

매 순간 집중한다는 것은 불가능하다. 책상 앞에 앉아 머리를 쥐어짜기보다는, 여유로운 시간을 충분히 즐기면서 계속 머릿속으로는 목표에 접근하는 루트를 탐색한다. 그게 훨씬 효과적이다. 커피를 마실 때도 산책을 할 때도 밥을 먹을 때도… 매 순간 루트를 탐색하되, 그 탐색이 압도적이거나 부담스럽거나 괴로운 것이 되지 않게 하는 것. 이 스킬을 연마하면 분명 탁월한 메이커가 될 것이다.

마지막 팁은 이렇다.

집중하는 순간에는 반드시 '거절의 달인'이 되어야 한다.

팀 페리스

13

"쿠키를 먹으며 생각하라."

생의 마지막을 지키는 호스피스 병동에서 일하는 내가 젊은 독자들에게 줄 수 있는 조언이 있다면 정녕 무엇일까?

이런 이야기를 들려주면 어떨까?

임종을 눈앞에 둔 환자들이 몹시 기다리는 시간이 있다. 병원 사람들과 함께 쿠키를 구울 때다. 맛있는 쿠키 냄새를 맡을 때 그들은 가장 활기에 넘치고 행복해한다. 그 이유는 무엇일까?

아마도 뭔가 좋은 일을 꾸미고 있고, 거기에 참여하고 있다는 느낌이야말로 내일 세상을 떠날 사람들조차 행복하게 만드는 인생의 가장 아름다운 선물인 것 같다.

그들은 쿠키를 먹으며 이렇게 말한다.

"서른 살이 된 사람들에게 어떤 말을 들려주고 싶냐고요? 글쎄요, 음… 쿠키나 먹으면서 살라고 말해주고 싶어요. 쿠키를 먹다 보면 알게 되죠. 모든 답을 다 알 필요는 없다는 것을요. 쿠키를 먹는다는 건 미래를 위한 일도 아니죠. 지금 이 순간에 경험할 수 있는 그냥 좋은 일이죠. 이런 비유를 들어주면 어떨까 싶군요. 예를 들어 우리가 음악이나 춤, 노래를 듣고 감동의 눈물을 흘릴 때 그 음악이나 춤, 노래가 어떤 교훈을 주기 때문이 아니잖아요? 그냥 좋아서, 마음이 벅차올라서 박수를 치는 거잖아요? 인생도 마찬가지인 것 같아요. 굳이 목적을 찾으려고 노력하지 않았으면 해요. 이 순간의 아름다운 애절함만 있으면 되지 않을까요? 나는 아마도 내일 죽을 겁니다. 하지만 지금은 살아 있죠. 이게 가장 중요한 것 같습니다."

흔히들 시한부 환자들은 마지막 날까지 참담한 기분으로 임종을 맞을 것이라고 생각한다. 하지만 그들은 보통 사람들보다 더 명랑하게 지내다가 이 세상을 떠난다. 삶과 죽음이 하나라는 것을 알고, 죽음이 인생에서 가장 아름다운 이벤트라는 것을 깨닫는 데 충분한 시간을 보냈기 때문이다. 어쩌면 죽는 날을 미리 아는 것이 현명한 사람들에겐 더 축복일 수도 있다.

천천히 쿠키를 굽고, 쿠키 냄새를 맡고, 쿠키의 맛을 음미하며 살아갈 날이 살아온 날보다 몇 배는 많이 남은 자신에게 말해주어라.

모든 답을 알아야 할 필요는 없다고.

그것이 당신이 알아야 할 유일한 답이다.

BJ 밀러BJ Miller

캘리포니아 대학교 샌프란시스코 캠퍼스의 완화치료 전문의이자 젠 호스피스 프로젝트 자문위원이다. 그는 환자들이 존엄하고 품위 있는 삶의 마지막을 맞이할 수 있는 방법을 깊이 고민한다. 그는 연구를 통해 작은 변화가 우리 삶을 극적으로 개선해줄 수 있다는 사실을 알게 되었다. 지금까지 죽음을 앞둔 1,000명이 넘는 환자들을 인도했다. BJ는 대학생 때 감전사고로 두 다리와 한 팔을 절단했다. 그의 테드TED 강연 '삶의 끝에서 정말로 중요한 것'은 2015년 가장 조회 수가 높은 강연 15위에 올랐다.

14

"앉으라, 걸으라, 흔들리지 마라."

선불교의 만트라 하나를 서른의 강을 건너는 당신에게 선물하고자 한다.

'앉으라, 앉으라. 걸으라, 걸으라. 흔들리지 마라.'

이는 내가 인생에서 최우선순위에 두고 있는 화두이기도 하다. 이 밖의 모든 것은 삶에서 정녕 아무것도 아니다.

연극이나 영화를 보러 가고 있는 중인가? 그러면 당신은 다른 곳이 아니라 극장에 있어야 한다. 컨퍼런스에 가고 있는 중인가? 그러면 당신은 다른 곳이 아니라 컨퍼런스에 가는 것이다. 출근해서 일하고 있는 중인가? 그러면 당신은 그 어떤 곳도 아닌 사무실에 있는 것이다.

하나에 하나를 대응하고 둘에 둘을 대응하라. 하나에 둘을 대응하지 말고, 둘에 하나를 대응하지 마라. 앉아야 하면 앉고, 걸어야 하면 걸어라.

절대 흔들리지 마라.

케빈 켈리 Kevin Kelly

1993년에 공동 창간한 〈와이어드〉의 '선임 매버릭maverick(독자적인 길을 걷는 창의적인 사람이라는 의미 — 옮긴이)'이다. 여가 시간에는 베스트셀러를 쓴다. 인간의 문서화된 모든 언어가 담긴 아카이브 로제타 프로젝트Rosetta Project를 공동 시행했으며 장기적 사고를 권장하는 롱 나우 재단Long Now Foundation의 이사로 있다. 롱 나우 재단과 관련된 일로 현재 매머드를 비롯해 멸종한 종들의 부활과 복원 방법을 연구하고 있다. 어쩌면 그는 정말로 '세계에서 가장 흥미로운 남자'인지도 모른다.

15

"알람을 설정하라."

음악을 하는 나를, 떠올릴 때마다 언제나 새롭게 바꿔놓는 문장들이 있다. 나를 가장 자극하는 최고의 문장은 헌터 톰슨 Hunter S. Thompson의 《오만의 고속도로The Proud Highway》에 실려 있다.

"인생은 온전한 육신을 유지하면서 안전하게 무덤으로 향하는 여정이 아니다. 연료를 소진할 때까지 질주하다가 뿌연 연기를 내뿜으며 아슬아슬하게 멈춰선 후 이렇게 소리치는 것이어야 한다. '와, 정말 끝내주는 여행이었어!'"

나는 매년 헌터 톰슨의 생일에 알람을 설정해 놓는다. 알람이 울리면 위의 문장들을 큰 소리로 읽고, 가슴을 활짝 편 채 눈을 감고 음미한다. 그러면 경이로운 에너지가 나를 점점 채

운다. 멋지게 한 방 얻어맞은 채 전율하며 비틀거린다.

이런 의식을 당신에게도 강력히 권유한다.

읽을 때마다 당신의 삶을 움직이게 하는 문장들이나 명언이 있다면, 특별한 날에 반복 알람을 설정해놓고 주기적으로 당신 삶에 초대하라. 당신의 삶, 그리고 당신이 삶을 대하는 태도가 많이 달라질 것이다.

이와 함께 아침 일기장에 차곡차곡 좋은 글들을 쌓도록 하라. 지혜가 필요할 때마다 살펴볼 수 있는 다이어리를 갖고 있는 건 큰 행운이다. 그런 행운 속에서 어느 날 문득 생각지도 못한 알람이 울리며 당신 삶을 방문하는 글들을 맞이하면 당신은 이렇게 외칠 것이다.

'와, 끝내주는 걸!'

저스틴 보레타 Justin Boreta

일렉트로닉 밴드 글리치 몹The Glitch Mob의 창립 멤버. 인디 레이블 업계 최고의 밴드이자, 그들의 음악은 〈씬 시티〉 〈엣지 오브 투모로우〉 〈퍼스트 어벤져〉 〈어메이징 스파이더맨〉과 같은 영화에 사용되었다.

16

"붙어야 할 때는 붙어라."

인생 전반에 걸쳐 늘 그렇지만, 특히 젊은 날엔 꽉 막힌 도로에서 오도가도 못 하는 상황에 빠질 때가 많다. 이때 쓸 수 있는 방법은 오직 한 가지다. '좋아, 싸워보자는 거지. 난 계속 여기에서 버티고 서 있을 거야. 이 도로에서 빠져나가기 전까지 절대로 너(꽉 막힌 상황)를 혼자 두지 않을 거야!'라고 결전의 의지를 불태우는 것이다.

10분이 걸릴 수도 있고 10시간이 걸릴 수도 있고, 영원의 시간이 걸릴 수도 있다. 이는 신만이 아신다. 그러니 탈출하는 데 얼마나 걸릴지 시간을 재는 노력은 모두 헛수고다. 결사항전의 뜻을 내걸고 두 눈 부릅뜬 채 정면을 바라보는 것에 집중하면 절대 가능해 보이지 않았던 '한 걸음 전진'이 가능해지는 매직을 보게 된다.

나는 항상 '견해'가 아니라 '본보기'가 삶을 바꾼다고 굳게 믿는다. 정체된 도로에서는 어떤 심오한 견해도 길을 뚫지 못한다.

정체가 이기는지, 내가 이기는지 한판 붙어라.

그것이 길을 뚫는 유일한 방법이다.

파울로 코엘료 Paulo Coelho

인류에게 영감을 주는 작가다. 《연금술사》를 비롯한 그의 아름다운 소설들은 전 세계 70개 이상의 나라에서 번역되었다.

17

"진짜 천재가 되어라."

가짜 천재와 진짜 천재의 차이에 대한 훌륭한 이야기가 있다. 배우 말론 브란도Marlon Brando가 그 주인공이다.

배우 지망생이었던 스무 살 청년 말론 브란도는 연기 스쿨에서 수업을 받고 있었다. 그런데 지도 교사가 다음과 같이 주문했다.

"한 사람이 자신의 아파트에 있다고 해보자. 그런데 어떤 한 사람이 집안으로 들어온다. 여러분이 소파에 앉아 있는 집주인이라고 생각하고 연기를 해보도록 하라."

학생들은 어떻게든 그 상황을 드라마틱하게 만들기 위해 대화와 시나리오를 짜내려고 애를 썼다. 그런데 오직 한 사람, 말론 브란도만은 예외였다.

말론은 소파에 앉아 잡지를 읽고 있었고, 누군가 들어오자 그를 쳐다보더니 자리에서 일어나 달려들었다. 그의 멱살을 잡고는 집 밖으로 내쫓고 문을 쾅 닫았다.

지도 교사와 친구들이 외쳤다.

"지금 뭐하는 거야!"

말론이 영문을 몰라 하며 되물었다.

"왜요? 내가 뭘 잘못했나요?"

"지금 연극을 망칠 셈이야? 드라마를 짜라니까!"

말론이 심드렁하게 답했다.

"누군지도 모르는 사람이 집 안에 들어왔는데, 뭘 어떻게 하란 말씀인가요? 잘 왔다고, 차라도 한 잔 대접해야 하나요? 범죄를 저지르기를 기다렸다가 경찰에 전화해 극적으로 구조라도 되라는 건가요? 그거 정말 웃기지 않나요? 이런 드라마를 누가 볼까요?"

잘 생각해보라. 말론이 처한 상황이 정말 멋진 대화나 감탄이 절로 날 만한 전개가 나올 상황인가?

가짜 천재들은 그렇다고 고개를 끄덕일 것이다.

죽기 살기로 덤벼든 말론은 진짜 천재였다.

멋진 말, 드라마틱한 전개, 그럴듯한 장치들에 현혹되지 마라.
서른 살은, 상황을 정확하게 꿰뚫는 진짜 천재가 되는 노력
을 해야 한다.

에드워드 노튼 Edward Norton

배우이자 영화제작자, 사회운동가다. 영화 〈프라이멀 피어〉 〈아메리칸 히스토리 X〉 〈버드
맨〉으로 세 차례 아카데미상 후보에 올랐다. 여러 스타트업을 창업했고 UN 생물다양성 홍
보대사이자 성공한 투자가(우버 초기 투자자), 파일럿이며 야생 보호 운동에도 앞장서고
있다.

18

"낯선 사람을 환대하라."

20대 내내 내가 가장 많이 들었던 충고는 '믿지 말라'였다. 사람들을 믿지 말고, 위험한 곳에 절대 가지 마라였다.

그러던 어느 날 나는 보스턴 국제 마라톤 대회에서 폭탄 테러가 발생한 현장을 바라보고 있었다. 한참동안 생각에 잠겨 있던 나는 어머니에게 전화를 걸었다.

"보세요, 엄마. 이스라엘이 위험하다고 하셨죠? 그런데 보스턴에서 이런 일이 생겼네요. 위험을 완전히 피하기란 불가능하다고요."

그날 이후 삶을 대하는 내 태도는 완전히 달라졌다. 가장 큰 깨달음은, 낯선 사람들을 두려워하면서 살 필요가 전혀 없다는 것이었다. 그동안 보스턴을 떠날 엄두조차 내지 못했던 나는 전 세계 곳곳으로 망설임 없이 떠났다. 그리고 전혀 생각지도 못한 사람들을 만나 전혀 생각지도 못한 일들에 도전할 수 있었다.

사람들은 경계해야 할 대상이 아니었다. 오히려 마음을 열어 타인을 신뢰할 때 예기치 않았던 행운과 기회가 찾아온다는 것을 배웠다.

모두가 공포의 땅으로 여기는 이스라엘과 중동에서 나는 '요가'라는 일을 찾아냈고, 거기에 흠뻑 빠진 채 돌아와 요가를 가르치는 교사가 되겠노라 결심했다.

보스턴으로 돌아온 서른 살 생일, 친구들이 열어준 파티에서 나는 다시 한 번 큰 깨달음을 얻었다.

친구들은 내게 선물로 불교와 명상 관련 책 몇 권과 코코넛 한 상자를 주었다. 그들과 어울려 즐거운 시간을 보낸 나는 한 친구의 집에서 모처럼 깊은 잠에 들었다. 다음날 아침, 나는 내가 사랑하는 미니 밴이 없어졌음을 발견했다. 내 집이 사라진 것이다.

그와 함께 모든 것이 사라졌다.

잠시 후 나는 코코넛을 쪼개 먹고 명상에 관한 책을 읽기 시작했다. 그것 말고는 할 수 있는 일이 없었으니까. 책의 4페이지부터 집 없이 세상을 떠도는 사람들의 이야기가 등장하기 시작했다. 그래서 자연스럽게 알게 되었다. '방랑', 그것이 곧 내가 해야 할 일이라는 것을. 거처를 잃은 나는 다시 운명 같은 여행을 시작했다.

만일 내가 샌프란시스코에 계속 살면서 요가 교사 일을 하려고 했다면, 내가 만든 '아크로요가'가 이토록 전 세계적으로 퍼져나가지 못했을 것이다.

스무 살, 서른 살 독자들에게 내가 줄 수 있는 조언은, 낯선 사람을 두려워하지 말라는 것이다. 살다 보면 오히려 믿는 도끼에 발등 찍히는 경우가 더 많다는 것을 기억해야 한다. 낯선 사람과 위험한 곳을 경계하는 마음이 지나쳐 인생의 반경을 계속 축소하다 보면, 할 수 있는 일이 거의 없다. 사람들로 꽉 찬 유명 관광지만 돌아다니는 사람에게 인생이 보여줄 매력적인 카드는 없다.

사람들의 흔적이 드문 까마득한 벼랑 위에 올라섰을 때 비로소 우리는 '내가 놓아주어야 할 것은 무엇인가?'와 같은 철학적 물음에 의미 있는 답을 얻는 게 가능해진다.

굳이 방랑을 하고 여행을 하지 않아도 좋다.

당신을 불쑥 찾아오는 낯선 사람을 환대하라.

그는 당신을 도우러 온 천사일 수 있으니.

제이슨 네머 Jason Nemer

요가의 영적인 지혜와 타이 마사지의 자애로움, 아크로바틱의 역동적인 힘을 조화시킨 아크로요가의 창시자다. 그는 아크로바틱 체조 부문에서 두 번이나 전미 주니어 챔피언 자리에 올랐고, 1991년 베이징에서 열린 세계선수권대회에 미국 대표로 참가했다. 1996년 올림픽 개막식에서도 아크로바틱 연기를 선보였다. 현재 60개 이상의 나라에서 공인된 아크로요가 교사들과 수십만 명의 수련생들이 활동하고 있다.

19

"수비가 탄탄한 삶을 살라."

당신이 지금부터 담배를 끊고, 마흔 넘어 죽을 때까지 담배를 피우지 않는다면 어떻게 될까?

그렇게 금연을 유지한다면 당신은 다음 4가지 질병 중 하나로 목숨을 잃게 될 확률이 70~80퍼센트쯤 된다. 심장질환, 뇌혈관질환, 암, 퇴행성신경질환이다.

장수를 꿈꾼다면 방법은 2가지다.

먼저 만성질환(앞에서 말한 4대 질병)의 발병 시기를 지연시켜 죽음을 최대한 늦추는 것이다. 의사들은 이를 두고 방어적 플레이라고 부른다. 두 번째 방법은 삶의 질을 향상시키는 공격적 플레이다.

인구학자들의 통계에 따르면, 당신이 최소한 방어적 플레이를 펼친다면 자동차 사고나 살인 사건으로 사망할 가능성은 그리 높지 않다. 기타 X나 Y, Z 같은 원인으로 사망할 확률도 매우 낮다. 열 명 중 여덟은 심장과 머리의 혈관이 막히고 혈압이 상승해서, 또는 악성 종양과 알츠하이머 때문에 죽음에 이른다.

다른 건 다 잊어버리더라도 아직 마흔이 되지 않았다면 당신은 이것만은 기억해야 한다. '고도로 정제된 탄수화물과 설탕은 반드시 끊어야 한다는 것을!'

탄수화물과 설탕은 인슐린을 증가시키고, 더 나아가 '인슐린 유사 성장 인자IGF'까지 증가시킨다. IGF는 노화만 촉진하는 게 아니라 수많은 암(모든 암은 아니지만)을 유발하는 게 틀림없다는 연구 결과들이 속속 발표되고 있다.

단순히 오래 사는 것이 아니라 삶의 질이 매우 향상된 건강한 노후를 보내고 싶다면 마흔 전에 탄수화물과 설탕을 끊어라.

마흔 이후 원하는 삶을 살고 싶다면, 꿈에 그리던 목표를 이루고 싶다면, 탁월한 성공과 커리어를 얻고 싶다면 탄수화물과 설탕을 끊어라.

월드컵 축구 대회에서 우승할 확률이 가장 높은 팀은 수비가 탄탄한 팀이다. 나쁜 중독을 끊어내는 뛰어난 방어적 플레이를 해낼 수 있을 때 비로소 공격이 살아나고 날카로워진다.

탄수화물과 설탕을 막아내라.

승리가 발밑에 있을 것이다.

피터 아티아 Peter Attia

스탠퍼드 대학교에서 의학박사를 취득한 후 존스홉킨스 병원과 미국 국립암연구소에서 일한 종양과 암 치료 분야의 세계적 권위자다. 40킬로미터 수영을 즐기며, 운동의 성과나 지속성과 관련된 문제들을 연구하는 스포츠 의학 전문가이기도 하다.

20

"침착함을 전파하라."

싫든 좋든 나이가 들수록 우리는 자연스럽게 리더가 된다. 가족을 이끌고, 팀장이 되고, 부서장이 되고, CEO가 된다. 봉사활동의 책임자가 되고, 대학생들 앞에서 강연을 하고, 고민을 털어놓는 사람에서 고민을 들어주는 상담자가 된다.

나는 20~30대 젊은 예비 리더들에게 다음 한 가지만 말해주고자 한다.

리더가 되면 사람들이 자연스럽게 당신의 생각과 행동을 따라하게 된다는 것을 반드시 명심하라.

베트남 전쟁 때 가장 승리를 많이 기록한 백전노장의 선임부사관이 있었다. 젊은 군인들에게 신과 같은 존재였던 그는 이렇게 말했다.

"사람들에게 승리를 안겨주는 리더가 되고 싶은가? 그렇다면 해박한 전술 지식과 전략을 통찰하는 눈을 얻기 위해 노력하기에 앞서 먼저 '침착함'을 선택하라. 그러면 당신을 따르는 사람들도 침착해진다. 전쟁에서 이기는 유일한 길은 모두가 공포와 두려움에 질려 이성을 잃고 길길이 날뛸 때 차분하고 신중하게 방아쇠를 당기는 것이다."

최고의 리더가 되고 싶다면 당신의 침착함을 드러내라. 침착함은 사람들 사이에서 강력한 전염력을 발휘해, 그들이 어떤 상황에서도 호흡을 고르고 목표를 향해 정조준하게 만든다.

파벨 차졸린 Pavel Tsatsouline

세계적인 근력운동 학교인 스트롱퍼스트StrongFirst의 회장이다. 구 소련 특수부대의 체력단련 강사였던 그는 현재 미국 해병대와 정보국, 해군 특전대Navy Seal에서 활약하고 있다.

21

"창을 닫는 연습을 하라."

아마도 당신은 탭이 스무 개쯤 열린 컴퓨터 앞에 매일 앉을 것이다. 동영상 몇 개도 삭제하고 메일박스도 비우고 하드디스크 조각들도 정리했는데… 날마다 '시동 디스크에 남은 공간이 거의 없다'는 경고 메시지와 함께 그럼에도 불구하고 '업데이트 파일을 클릭하라'는 독촉 메시지를 받을 것이다.

그렇다. 삶이란 아무리 절묘하고 효율적으로 배치해도 경고와 독촉에서 벗어나기가 매우 어렵다. 특히 깊은 불황의 시대를 살아가는 젊은 당신은 나이든 사람보다 이 사실을 더 잘 알고 있다. 그래서 커피와 알코올, 우울증의 유혹에 매일 직면한다. 하지만 그렇게 피해서 될 일이 아니라는 사실 또한 잘 알기에 끊임없이 뭔가에 짓눌려 허덕인다.

20개의 창에서 20개의 어플리케이션이 돌아가는 삶에서 탈출하는 현명한 방법은 '창을 닫는 것'이다.

중국의 철학자 노자老子는 이렇게 말했다.

"기분이 우울하면 과거에 사는 것이고, 불안하면 미래에 사는 것이며, 마음이 평화롭다면 지금 이 순간을 살고 있는 것이다."

기분이 우울해서 열어놓은 창을 닫아라. 불안해서 열어놓은 창을 닫아라. 이것만으로도 한결 당신의 컴퓨터가 가벼워졌을 것이다.

그렇다면 마음이 평화롭다는 건 어떤 뜻일까?

집중할 곳이 있다는 의미다. 우울과 불안의 창, 걱정의 창, 에너지만 잡아먹는 번다한 창들을 차례대로 닫고 나면 집중할 곳이 어디인지를 알게 된다.

집중할 곳을 찾는 데는 시간이 오래 걸리게 마련이다. 따라서 당장에 집중할 곳을 찾지 못했다고 조바심을 내는 대신, 창문을 닦으며 언제나 마음을 느긋하게 가지길 바란다.

복잡하게 얽힌 문제의 타래들을 하나하나 풀려고 애쓰지 마라. 그냥 거리를 두고 바라보다 보면 조금씩 자동으로 단순해질 것이다. 인생의 모든 이치가 그런데, 저절로 단순해지고 간단해지고 투명해질 때까지 기다리지 못할 뿐이다. 너무 애쓰지 않는 가벼운 마음으로 일상을 정리하다 보면 자연스럽게 열중할 수 있는 일이 어디에 있는지 알게 될 것이다

삶의 무수한 창들은 결코 삭제되거나 사라지지 않는다.

지혜는 창을 닫는 연습에 있다.

끊임없이 나를 가두는 창들에서 도망치는 유일한 길은 그 창들을 닫는 것뿐이다.

제임스 패디먼 James Fadiman

하버드 대학교를 졸업하고 스탠퍼드 대학교에서 박사학위를 취득한, 미국에서 가장 존경받는 심리학자다.

"

낮에 배운 것이 새벽 한 시에 이야기하고 싶어질 정도로 고무적인가?
그 주제에 대해 함께 이야기 나누거나 반론을 제기할 사람이 있는가?
이것들을 제외하고는 전부 다 헛소리다.

"

_말콤 글래드웰Malcolm Gladwell

"

한 사람이 다른 사람에게
'뭐? 너도? 나만 그런 줄 알았어'라고 말하는 순간
우정이 싹튼다.

"

_C. S. 루이스 C. S. Lewis

22

"평균을 넘어서라."

내가 다시 서른 살로 돌아간다면, 두려워하지 않을 것이다. 서른 살이란 놀라운 일들을 할 수 있는 기회다. 뭔가 잘못되거나 실수를 저지르거나 어설프게 할까 봐 두려워 머뭇거린다면 내 삶에 의미 있는 영향을 끼칠 일을 할 수 없다. 무엇보다 서른에 못 하는 일은 마흔에도 하지 못한다는 게 내가 얻은 생생한 깨달음 중 하나다.

무엇을 하든 획기적인 계획을 세워라. 모두가 깜짝 놀랄 만한 이벤트를 설계하라. 당신이 가진 능력을 철저하게 시험할 수 있는 일을 하라. 자신이 진짜 남다른 성공을 원하는지 뜨겁게 물어보고, 그 답이 '예스!'라면, 그걸 얻을 수 있는 유일한 방법은 타인들이 너무 위험하다거나 무모하다고 여기는 일을 하는 것뿐이다.

서른 살에 빠지기 쉬운 유혹 중 하나는 평균적인 사람이 되고자 하는 것이다. 정년을 보장하는 안정적이고 무난한 일자리를 얻기 위해 수백 대 일의 경쟁을 펼친다. 공공기관에서 일하는 공무원이 대표적인 예다. 하지만 명확한 사실은, 안정적이고 무난한 직업을 얻고자 한 사람이 아니라 정말 공무원이 되고 싶어 한 사람이 최종 합격한다는 것이다.

온힘을 다해 평균을 넘어설 방법을 모색하라.

그렇지 않으면 당신은 점점 보이지도 않는 존재로 전락하면서 남은 삶을 소진하게 될 것이다.

애덤 가잘리 Adam Gazzaley

신경학 박사이자 UC 샌프란시스코 산하 인지신경과학연구소인 '가잘리 연구소' 소장이다. 치료용 비디오게임을 개발하는 아킬리 인터랙티브Akili Interactive의 공동 설립자 겸 최고 과학자문이고, 인간의 성과를 향상시키기 위한 경험 기술에 투자하는 벤처캐피탈 기업 재즈 벤처 파트너JAZZ Venture Partners의 공동 설립자 겸 수석과학자다. 애플, GE 등 글로벌 IT 기업들의 과학자문으로 일하고 있기도 하다.

23

"명상을 배워라."

당신은 이미 알고 있다. 문제가 생기면 '한 번에 하나씩' 해결해야 한다는 것을. 여기저기 흩어진 일들을 한꺼번에 해결하는 지혜는 없다는 것을.

문제를 한 번에 하나씩 해결하려면 엄청난 집중력이 요구된다. 그 집중력을 하루라도 젊었을 때 확보할 수 있느냐가 성공하는 삶의 최대 관건이라고 나는 확신한다.

내가 제시할 수 있는 답은 '명상'이다. 집중력은 압박감에서 벗어난 상태다. 지나친 걱정과 불안을 걷어내는 데는 명상밖에는 달리 답이 없다.

아침에 20분, 저녁에 20분씩 명상을 하라. 그렇게 3주를 지나면 몸과 정신이 분리되었다가 몇 초 뒤에 다시 연결되면서 마음이 젊음을 되찾고, 다른 것들은 차분하게 가라앉아 집중력만이 돋보이게 높아지는 수준에 도달한다. 여기에 이르면 비로소 한 번에 하나씩 문제를 해결하는 일이 가능해진다.

또 하나 조언하고 싶은 건, 명상을 1년쯤 계속해보라는 것이다. 1년만 지나면 명상에 통달한 것 같은 기분이 들고, 정말 놀랍게도 더 이상 압도당하는 기분이 들지 않는다. 1년만 명상 습관을 유지하면 평생 그 효과를 누릴 것이라는 확신이 든다. 이는 내 삶에서 매우 소중한 경험이자 성과였다.

명상은 요가 매트를 깔고 앉아 로댕의 생각하는 사람처럼 자세를 취하는 것에만 있지 않다. 명상의 핵심은 '다른 일이 끼어들지 못하게 하는 것'이다. 명상은 영화 대본을 연구해야 한다면, 그날 그 시간에는 다른 일이 끼어들지 못하게 하는 역할을 수행한다. 컬 운동을 할 때는 이두근에만 온 정신을 쏟게 하고, 벤치 프레스를 할 때는 흉근에 모든 정신을 쏟아 붓게 한다. 즉 세상에는 셀 수 없을 만큼 다양한 형태의 명상법이 존재한다.

사람은 누구나 집중력을 갖고 있다. 다만 젊은 시절에 명상을 꾸준히 연습해 자신만의 삶의 방식으로 만들어놓으면, 그렇지 않은 사람보다 두 배 이상 집중력을 발휘할 수 있다.

3주를 넘어 1년 정도 명상을 하고 나면, 하루 30분의 집중력을 가진 사람과 하루 한 시간의 집중력을 가진 사람의 차이가 엄청나게 크다는 사실을 놀랍게 깨닫게 되는 날이 올 것이다.

아널드 슈워제네거 Arnold Schwarzenegger

스무 살의 나이로 보디빌딩 스포츠계를 제패했고 미스터 유니버스Mr. Universe 타이틀을 획득한 최연소 선수가 되었다. 그후 미국으로 건너가 최고의 배우가 되었다. 지금껏 그가 출연한 영화들은 모두 전 세계적으로 30억 달러 이상의 수익을 올렸다. 2003년부터 2010년까지 캘리포니아 주의 38대 주지사로 일했다.

24

"당나귀처럼 굴지 마라."

젊음은 고난의 연속이다.

하고 싶은 일은 정말 많은데 무엇 하나 진전을 이루지 못하기 일쑤다. 1년 계획을 세워 다양한 경험을 쌓는 것도 물론 좋다. 하지만 나는 가장 하고 싶은 일의 목록을 만들어 최우선순위부터 하나씩 가능하다면 몇 년은 해볼 것을 권유한다. 시간을 오랫동안 들여 해보지 않으면 진짜 자신이 원하는 일이 무엇인지 잘 모르는 채 허둥지둥하고 만다. 처음엔 열정에 들떠 몇 달 해봤다가 금세 포기하고 마는 서른 살 젊은 친구들을 나는 너무도 많이 목격해왔다.

열정은 뜨거움이 아니라 인내심이라는 사실을 알려주고 싶다.

직장인이자 여행가이자 작가이자 뮤지션이자 사업가일 수는 없다. 이는 어느 것 하나 이루지 못한 사람들이 갖고 다니는 잡다한 명함일 뿐이다.

나는 버클리 음악대학에 재학 중이었던 18살 때 한 무명 밴드에 속해 있었다. 어느 날 우리는 버몬트 주에서 열리는 돼지 축제에서 공연을 해달라는 제안을 받았다. 뭐라고? 돼지 축제라니!

밴드 멤버들은 어이가 없다는 듯 혀를 찼다. 모두가 그렇게 가지 않겠다고 거절한 탓에 나는 혼자 버스를 타고 축제 현장으로 가 통기타를 치며 음악을 연주했다. 왜 나 혼자 돼지들을 보러 갔는지는 모르겠다. 그저 내 음악을 원하는 곳이 있으면 어디든 꼭 가야 한다고 생각했던 것 같다.

그리고 나는 돼지 축제에 나처럼 아주 우연하게 참석하게 된 유명 에이전트의 연락을 받고 뮤지션으로서의 경력을 쌓아나갈 수 있었다.

내가 이 이야기를 하는 이유는 하나다.

젊은 시절엔 멋진 일을 하고 싶어 한다. 하지만 그 멋진 일은 돼지우리 속에 숨겨져 있을 가능성이 크다. 그 숨겨진 멋진 삶을 발견하려면 시간이 오래 걸린다.

어떤 사소한 제안이더라도 모두 경청하라

그리고 무엇을 하든, 오랫동안 하라.

직장인으로서 능력을 제대로 발휘한 사람만이 여행가로 변신할 수 있다. 남다른 것을 보고 남다른 곳을 방문한 여행가만이 좋은 작가가 될 수 있다는 사실을 기억해야 한다.

밥 먹듯이 이직을 하고, 조금 하다가 때려치우는 사람은 건초더미와 물통 사이에 서서 어떤 것도 선택하지 못하고 굶주림과 갈증으로 쓰러진 '뷔리당의 당나귀Buridan's Ass'에 다름 아니다.

나이가 들어서도 여전히 무엇을 선택해야 할지 몰라 갈증을 느끼는 사람이 성공하기란 거의 불가능하다. 목마름을 해결해줄 선택지가 거의 남아 있지 않기 때문이다.

멋진 삶은 결코 멋진 곳에 있지 않다.

데릭 시버스 Derek Sivers

15만 명의 뮤지션이 등록되어 있고 연간 1억 달러 이상의 매출을 올리는 온라인 최대 독립 음악 스토어인 CD 베이비의 창업자. 그에게서 더 큰 삶의 자극을 얻고 싶다면, 이미 500만 명 이상이 시청한 그의 TED 강연을 추천한다. 그리고 sivers.org/books에서 그가 쓴 서평들을 읽어보라.

25

"디테일에 집중하라."

성공하려면 많은 사람들의 마음에 임팩트를 남겨야 한다. 임팩트를 남기려면 정말 작은 디테일에 집중해야 한다.

내가 만든 사이트를 방문하는 고객들이 열렬하게 반응하는 곳은 '오류 메시지'다. 고객들에게 알리는 형식적인 문구로 채워지는 사이트 오류 메시지에 '살면서 가장 웃겼던 에러는 무엇이었나요?' '당신이 나라면, 어떤 오류 메시지를 고객들에게 보내고 싶은가요?' 등과 같은 카피를 넣었더니, 엄청나게 많은 사람들이 이 메시지를 리트윗했다.

디테일에 집중한다는 것은 사람들이 전혀 생각지 못한 곳을 공략하는 전술이다. 대부분의 경쟁자들이 이제 신경을 쓰지 않기에 사람들의 기준이 낮게 잡혀 있는 곳을 찾아내 파고들면, 성공할 확률이 매우 높아진다.

당신이 항공사 직원이라면, 비행기 연착 사실을 알리는 메시지를 좀 바꿔보면 어떻겠는가? 당신이 셰프라면 '오늘의 추천 메뉴'를 소개하는 방식을 바꿔보면 어떨까? 당신의 사이트에 가입한 사람에게 보내는 가입 승인 메일에 유쾌한 인간미를 좀 가미하면 어떨까?

세상에서 가장 잘 팔리는 상품이나 히트작들은 대부분 다른 것과 99가지는 동일하다. 남은 한 가지를 바꿔 99가지를 바라보는 프레임을 완전히 바꿔놓는 일을 하면 백발백중 당신은 성공한다.

뒤집어 말하면, 실패하는 사람들은 늘 99가지를 바꾼다.

알렉시스 오헤니언 Alexis Ohanian
레딧Reddit과 힙멍크Hipmunk의 공동 설립자로 세상에 가장 잘 알려져 있다. 그는 세계에서 가장 까다로운 '스타트업 엑셀러레이터startup accelerator(창업자들에게 일정 기간 동안 조언을 해주거나 운영에 도움을 주는 기관 – 옮긴이)'인 와이 컴비네이터Y Combinator의 일등 고객이었고 지금은 이 회사 임원으로 일하고 있다. 100개가 넘는 스타트업의 투자자이자 《레딧 스토리Without Their Permission》라는 베스트셀러를 쓴 작가다.

26

"천천히 서둘러라."

이 책을 읽는 젊은 독자들에게 진심으로 말해주고 싶다. 무엇이든 천천히 하라고.

내가 젊은 시절 저지른 실수들은 대부분 나태함이나 게으름 때문이 아니었다. '야심' 때문이었다. 초조함에 압도당할 때는 명상을 하든, 컴퓨터 모니터 앞에서 벗어나 당신 자신을 위해 시간을 쓰든, 아니면 지금 대화를 나누거나 함께 있는 상대에게 집중을 하든지 하면서 속도를 늦춰라.

오늘 못 한 일은 내일 하라. 내일도 못 할 일 같으면 잊어버려라. 그것이 중요한 일이면 언제든 반드시 당신 삶에 나타날 것이다. 그때 해도 늦지 않다.

조바심으로 성공한 사람은 없다.

성급하게 뛰어든 사람의 후일담은 모두 실패담이다.

천천히 하라.

천천히 하면 포기하지 않게 된다.

우리 모두 너무나 잘 알고 있듯,

성공은 결국 포기하지 않은 사람이 가져간다.

매트 뮬렌웨그 Matt Mullenweg

〈비즈니스 위크〉가 선정한 인터넷상에서 가장 영향력 있는 인물로 꼽혔지만 이는 상당히 겸손한 소개인 듯하다. 그는 현재 전체 인터넷의 25퍼센트 이상에서 사용되는 워드프레스 WordPress를 처음 만든 수석 개발자로 가장 잘 알려져 있다. 기업 가치가 10억 달러가 넘고 전 세계 500명의 직원이 일하고 있는 오토매틱Automattic의 CEO다.

27

"영혼을 노크하라."

나는 태어날 때부터 오른손이 없었지만 14살 때부터 피아노를 치기 시작했다. 피아노는 내 삶의 전부였다. 사람들은 내가 피아니스트가 되는 건 절대 불가능하다고 말했다. 하지만 그들이 틀렸다. 2012년 나는 런던의 왕립음악원을 졸업한 유일한 '한 손' 피아니스트가 되었다. 전 세계 언론이 내 졸업을 취재해 보도했다.

한 손 피아니스트가 뭐냐고?

그렇다, 나는 왼손으로만 피아노를 연주한다.

밴드 콜드플레이Coldplay와 함께 공연을 했고, 8만 6,000명의 관객과 5억 명의 시청자가 지켜보는 앞에서 패럴림픽 주제가를 연주하기도 했다. 오른손이 없지만 세계 곳곳을 누비며 공연을 펼치고 있고, 17곡의 왼손 레퍼토리가 실려 있는 〈독주Solo〉라는 제목의 내 첫번째 앨범은 전 세계에서 발매되어 과분한 사랑을 받았다.

모두가 불가능하다고 고개를 저었던 일이 어떻게 이런 놀라운 결과를 가져왔을까?

어릴 적 나를 가르치던 피아노 선생님의 말씀 때문이었다.

"니컬러스, 사람들의 관심을 끌기 위해 피아노를 쳐서는 안된다."

당시에는 〈브리튼스 갓 탤런트Britain's Got Talent〉 같은 TV 오디션 프로그램이 한창 인기를 끌고 있었다. 내 몸의 오른쪽에는, 손은 없지만 팔꿈치에서 아주 짧게 뻗은 팔뚝은 있었다. 이 팔뚝을 피아노 연주에 사용했다면, 나는 오디션 프로그램에서 커다란 화제의 인물로 떠올랐을 것이다. 실제로 출연을 제의받기도 했으니까. 그들은 말했다.

"니컬러스, 피아노를 잘 칠 필요는 전혀 없어. 그냥 오른 팔뚝을 건반 위에 올려놓기만 해도 충분하단다."

이 제안을 받아들였다면 나는 손쉽게 많은 돈을 벌 수도 있었을 것이다. 하지만 나는 그렇게 하지 않았기에, 광대가 아니라 피아니스트가 될 수 있었다.

내가 피아노 연주자가 될 수 있었던 건 피아노는 결코 손으로 연주하는 것이 아니라는 사실을 깨달았기 때문이다. 손은 연주를 거들 뿐이다. 내 연주가 그것을 듣는 사람들의 영혼을 노크할 수 있을 때 비로소 나는 그 연주가 성공했음을 생생하게 느끼게 된다.

1989년생인 나와 함께 이 시대를 살아가는 젊은 독자들에게 감히 다음과 같은 말을 전하고 싶다.

지금 당신이 하고 있는 일이 사람들의 영혼을 만지고 있는가?

그렇다면 당신은 무엇을 하든, 사람들에게 오랫동안 기억될 것이다.

니컬러스 매카시 Nicholas McCarthy
영국 왕립음악원이 배출한 유일한 왼손 피아니스트. 〈타임〉을 비롯한 글로벌 언론에서 우리 시대 가장 촉망받는 젊은 음악가로 선정되었다.

28

"상처를 드러내라."

상처를 치유하는 유일한 방법은, 상처를 드러내는 것이다.
젊은 날에는 세상 모든 일에서, 세상 모든 곳에서 상처를 받는
다. 최후의 보루인 자기 자신에게서조차 상처를 받는다.

그럴 때마다 비틀거리고 쓰러지면 삶을 지속할 재간이 없다.
따라서 나는 이제 막 사회에 첫 발을 디딘 젊은이들에게 무엇
보다 먼저 이렇게 말한다.

"상처를 드러내는 걸 두려워 마라. 상처 또한 당신의 본모습
중 일부이니까."

상처는 나의 외부에 존재하지 않는다. 상처는 내 몸과 마음
의 일부다. 날이 더우면 자연스럽게 반팔 티셔츠를 입고 맨살

을 드러내듯, 상처 또한 두려움 없이 드러낼 수 있을 때 따뜻한 햇볕이 머물고 바람이 부는 동안 건강하게 아물어간다.

상처받지 않으려고 노력하지 마라.

상처를 드러내려고 노력하라.

드러내면, 반드시 치유자가 나타난다.

인생은 그 치유자와의 동행으로 계속된다.

모건 스펄록 Morgan Spurlock

뉴욕에서 활동하는 세계적인 다큐멘터리 영화감독. 그의 첫번째 영화 〈슈퍼사이즈 미〉는 2004년 선댄스 영화제에서 최우수 감독상을 받았고, 이 영화는 아카데미 최우수 다큐멘터리 부문 후보에도 올랐다.

29

"아침 일기를 써라."

나는 젊은 독자들을 만날 때마다 아침일기를 잘 쓰고 있냐고 묻는다. 아침에 일기를 쓰는 습관만큼 우리의 삶을 빠르게 바꿔놓는 것도 없기 때문이다.

아침 일기 작성은 내가 현재 처한 상황을 정확하게 파악하는 데 엄청난 도움을 준다. 동일한 실패를 반복하는 사람들의 특징 중 하나가 바로 '자기 자신을 모른다'는 것이다. 아침에 세 줄 정도의 일기를 쓰며 자신의 모습을 돌아보는 시간을 갖는다면, 장담하건대 당신은 최소한 동일한 실패는 하지 않게 된다.

적당한 수준의 성공을 맛보게 되면 우리의 뇌는 우리를 방어적인 행동으로 이끈다. 더 이상 정복이 아닌 관리가 필요하다고 속삭인다. 하지만 이건 성공하는 사람들의 DNA와는 거리가 멀다. 어떤 결과를 얻든 간에, 삶에 대해 계속 공격적인 태도를 가져야 한다. 언제나 한 걸음 더 나가야 한다. 그 자리에 안착해 멈추는 순간, 우리는 그 자리를 잃게 된다.

일단 아침에 일기장을 펴보기만이라도 하라. 틀림없이 뭔가 더 매력적이고 공격적인 계획을 저절로 짜게 될 것이다. 더 싱싱한 하루를 보낼 준비를 하게 될 것이다.

젊은 날에 가장 필요한 건 '더more'다. 같은 시간, 같은 노력을 기울이지만 늘 더 가져가는 사람이 있다. 그들은 아침 일기를 쓰는 사람일 가능성이 매우 높다.

특히 젊은 시절엔 정신이 원숭이처럼 미쳐 날뛰게 마련이다. 그 정신을 다룰 수 있는 가장 쉬운 방법은 종이 위에 붙들어놓는 것이다. 두개골 안을 튀어 다니는 총알들을, 머릿속을 온통 헤집고 다니는 문제들을 해결하는 가장 효과적인 방법은 밖으로 꺼내는 것이다.

매일 아침 5분 동안 종이에 욕설을 갈기거나 불평을 늘어놓는 것만으로도 인생이 바뀔 수 있을까?

내 대답은 '그렇다'다.

팀 페리스

30

"고용주를 확보하라."

하루라도 더 젊었을 때 효과적인 스트레스 관리법을 알아두면 남은 삶이 편해진다. 나는 창의력과 상상력을 쥐어짜내야 하는 만화가이기 때문에 스트레스가 타의 추종을 불허할 만큼 심했다.

그러던 어느 날 문득 머릿속에 다음과 같은 질문이 떠올랐을 때 거짓말처럼 스트레스가 사라졌다.

'나를 고용해줄 사람이 몇 명이나 될까?'

당시 연재하고 있던 만화를 때려치우더라도, 내게 일거리를 줄 신문사가 전 세계 수천 개는 될 것이라는 황당무계한(?) 답이 떠올랐다.

친구가 100명쯤 있다면 그중 한 명을 잃는다 한들 큰 걱정이 아니다. 그런데 친구가 단 두 명뿐이라면 얘기가 달라진다. 둘 중 하나를 잃는다는 건 정말 심각한 고민거리다.

나를 고용해줄 사람이 많다면, 스트레스 없는 삶이 가능해진다. 뒤집어 말해, 어떤 일을 하든 누구나 탐을 낼 만한 사람이 되라는 것이다.

내가 지금껏 살아보니, 단지 실적이 뛰어나다고 해서 누구나 영입하고 싶어 하는 인재가 될 수 있는 건 결코 아니었다. 화려한 성과보다는 얼마나 행동이 일관적인 사람인지, 꾸준히 신뢰할 만한 사람인지가 더 중요했다. 상상력이 넘치는 만화가보다 마감을 잘 지키는 만화가를 신문사들은 더 좋아했다.

사표를 던지고 세계 여행을 나선 사람들, 선망의 대상인 직장을 때려치우고 자신이 좋아하는 일을 찾아 나선 사람들의 이야기를 그 어느 때보다 많이 접하는 시대다. 그들은 대부분 사표 쓸 용기를 낸 사람들이 아니라 언제든 마음만 먹으면 다시 원래 일로 돌아갈 수 있는 사람들이다. 막다른 골목으로 자신을 밀어 넣은 사람들이 결코 아니다.

젊은 날을 바쳐 해야 할 일이 단 하나만 있다면, 고용주를 최대한 확보하는 노력이다. 이 노력이 결실을 맺는 순간 당신의 모든 스트레스는 거짓말처럼 사라지고, 그때야 비로소 인생을 바꾸는 참된 용기가 생겨나기 시작한다.

스콧 애덤스 Scott Adams

57개국 2,000개가 넘는 신문지상에 19개 언어로 소개된 연재만화 〈딜버트Dilbert〉의 작가다.

31

"오늘은 누구의 날인가?"

열다섯 살 때 도요타 빅 에어Toyota Big Air라는 스노보드 대회에 와일드카드 출전권을 얻어 일본에 갔을 때 내 삶을 바꿔놓은 놀라운 일이 벌어졌다. 어머니와 함께 투숙한 호텔에는 내가 우상으로 떠받드는 선수들도 있었다. 그들은 어린 내 머리를 기특하다는 듯 쓰다듬어주었고, 우리는 한 시간도 채 되지 않아 친구가 되었다.

그런데 그날 밤, 그들은 외출해 미친 듯이 음주 파티를 즐겼다. 물론 미성년자였던 나는 어머니와 호텔에 남아 컨디션을 최종적으로 점검했다. 이튿날 아침, 그들은 숙취에 찌든 얼굴로 대회장에 다리를 절뚝거리며 나타났다. 그러고는 내게 이렇게 말했다.

"이봐, 어린 친구. 오늘 그냥 대충 타자고. 우승상금이 5만 달러라지? 그건 사이좋게 나눠갖고 말이야. 어때?"

나는 고개를 저었다.

"싫습니다."

"싫다고? 너 혼자 최선을 다해 보드를 타겠다는 말이니?"

"네, 저는 우승하러 여기 왔습니다."

그들은 어이가 없다는 듯 웃으며 계속 나를 회유했다.

"좋은 게 좋은 거지. 이까짓 작은 대회가 네 커리어에 얼마나 도움이 되겠니? 자, 그러지 말고…."

"싫습니다."

"꼬마녀석이 참 까다롭군. 어디 두고 보자. 얼마나 잘 타는지 두 눈 똑바로 뜨고 지켜보마."

"얼마든지요!"

글쎄, 왜 그랬을까? 왜 그렇게 나는 그때 단호했을까? 그 이유는 훗날 내가 스무 살이 넘고 나서야 명확해졌다.

그때 나는 '오늘 정말 나는 잘 탈 거야. 저들이 하라는 대로 하지 않을 거야. 누구도 나를 막을 순 없어. 내 하루를 망쳐놓을 수는 없다고!'

어른이 되고 나자, 숙취에 찌든 얼굴로 내 앞에 나타나는 사람들이 정말 많아졌다. 그들은 모두 이렇게 말했다.

"쇼, 우리 모두 오늘 이건 하지 말자고."

세상에는 두 종류의 '집단'이 존재한다.

첫째, 서로 힘을 합쳐 뭔가를 하자는 집단.

둘째, 서로 담합하며 뭔가를 하지 말자는 집단.

당신의 주변에는 어떤 동료 집단이 존재하는가? 두번째 집단에 속하는 동료들은 과감하게 잘라내야 한다. 그들은 'A가 탐나지만, 그 A를 당신이 갖지 못하면 나 또한 갖지 못해도 좋아!'라는 심리를 가진 사람들이다. 그들과 함께 하면 할수록 삶은 마이너스를 향해 질주하고, 그보다 더 심각한 것은 마이너스 질주를 점점 아무렇지도 않게 받아들인다는 것이다.

15살에 출전한 도요타 빅 에어 대회에서 나는 우승했다.

그리고 그후로도 많은 대회에서 함께 술이나 마시자던 많은 사람들을 쉽게 물리치고 우승했다.

최고의 선수가 되려면 나의 오늘을 망치려는 사람들을 따돌려야 한다.

아침에 일어나면 나는 질문한다.

'오늘은 누구의 날인가?'

이 질문에 대한 답이 항상 '나를 위한 날이다'가 될 때 점점 더 높은 곳을 향하게 될 것이다.

최고가 되려는 당신의 발목을 잡는 사람들을 정리하라.

숀 화이트 Shaun White

세계 최고의 스노보드와 스케이트보드 선수다. 2회 연속 올림픽 금메달을 목에 걸었고 익스트림 스포츠 분야에서 최다 금메달 획득 기록(15개)을 보유하고 있다.

66

없어도 되는 게 많을수록 부유한 사람이다.

99

_헨리 데이비드 소로Henry David Thoreau

"

강물이 우리 마음을 평온하게 해주는 이유는 의심을 품지 않기 때문이다.
강은 자기가 어디로 가는지 잘 알고 있고,
다른 곳으로 가고 싶어 하는 일이 없다.

"

_할 보일Hal Boyle

32

"자신에게 가장 큰 위안이 되어라."

25살의 어느 날, 나는 TV 방송국 새내기 기자였다. 그날 나는 야간 근무를 하고 있었다. 하루 종일 몇 가지 기삿거리에 매달려 있었는데, 방송에 내보낼 시간이 될 때까지 내용이 너무나 마음에 안 들어 속이 몹시 상해 있었다. 결국 방송에는 다른 기자의 기사가 나갔고, 자정 무렵 나는 방송국 로비를 터벅터벅 걸어 나왔다.

내가 일하던 방송국은 산꼭대기에 있었는데, 그곳에서 내려다보는 경치가 매우 아름다웠다. 눈물이 흘렀고 심한 자책에 몸과 마음을 완전히 파묻었다.

그때였다.

"이봐, 세상에서 가장 불쌍한 얼굴을 하고 있는 젊은 친구가 내가 아는 댄이 맞는가?"

깜짝 놀란 나는 등 뒤를 돌아보았다. 서글서글한 미소를 지으며 머리가 희끗한 선배 기자가 내게 맥주를 건넸다. 그는 아름다운 불빛들이 반짝이는 시내를 내려다보며 내 등을 가볍게 토닥였다.

"걱정할 거 없어. 결국엔 다 잘 풀리게 되어 있다고. 그러니 시원하게 목이나 축여."

태어나서 가장 큰 위로를 얻는 순간이었다.

나는 태생이 걱정이 많고 예민한 사람이다. 그런 사람에게 필요한 것은 빈틈없는 '완벽함'이 아니라 '위로의 한 마디'였던 것이다.

평범하기 짝이 없는 '결국엔 잘 풀릴 거야'라는 한 마디 안에 얼마나 큰 힘이 들어 있는지, 당신도 나처럼 예민하고 걱정 많은 사람이라면 한번 테스트해보라.

진심으로 나는 서른 살을 통과하는 사람들에게 얘기해주고 싶다.

'너무 걱정 마라, 모든 건 결국 잘 풀리게 되어 있다…'라고.

이는 내가 젊은 시절 일이 풀리지 않을 때마다 나 자신에게

준 말이기도 하다. 이 위안의 말로 나는 그 시절을 견디고 여기까지 왔다.

　서른 살, 할 일은 하나다.

　스스로에게 가장 따뜻한 위안이 되어라.

댄 칼린 Dan Carlin

댄 칼린은 세계 지성인들의 사랑을 받는 팟캐스트 〈하드코어 히스토리Hardcore History〉와 〈커먼 센스Common Sense〉의 진행자다.

33

"둘로 나눠라."

둘로 나누는 연습을 잘하면 당신이 하는 일에서 성공할 확률이 높아진다. 당신의 콘텐츠를 '무료 배포용'과 '고가 배포용'으로 확실하게 구분하라는 뜻이다.

나는 내가 하는 일의 99퍼센트는 무료(팟캐스트, 블로그 등), 또는 무료에 가까운 저렴한 가격(책)에 제공한다. 이를 통해 사람들이 어떤 내용에 반응하는지를 꼼꼼하게 살핀다. 그런 다음 많은 사람들이 반응하는 주제에 더 고급하고 상세한 지식과 철학, 견해를 담아 심혈을 기울여 글을 쓴다. 동시에 지적이고 열정적이면서 실력이 뛰어난 사람들의 마음을 사로잡을 수 있다고 판단되는 주제에 대해서도 글을 쓴다. 이런 글들에는 경쟁자보다 10~100배 비싼 가격을 책정한다.

이 같은 이원화 마케팅의 결과가 궁금하다고?

지금까지는 꽤 성공적이었다. 책들은 베스트셀러가 되었고, 강연료는 점점 더 올라갔다.

이런 결과가 중요하다고 당신에게 강조하는 게 아니다.

중요한 것은, '비싸게 굴라'는 것이다.

'난 아직 어리고 서투르니까…'

'난 아직 경험이 일천하고 배우는 중이니까…'

'이 정도 연봉이면 신입사원 치고 나쁘지 않으니까…'

모두 버려야 할 생각들이다.

낮추지 마라, 그러면 점점 낮아진다.

최후의 순간까지, 도도하고 비싸게 굴 수 있는 방법을 찾아라.

팀 페리스

34

"털어놓게 하라."

나는 저널리스트다. 오랫동안 수많은 사람들을 인터뷰해 먹고 산 내가 당신에게 줄 수 있는 조언은 이렇다.

살다 보면 반드시 누군가를 인터뷰해야 하는 순간이 오고, 그 인터뷰 결과가 삶에 큰 영향을 끼치는 경우도 존재한다는 것이다. 그러니 젊을 때 부지런히 인터뷰 스킬을 연습해두면 훗날 요긴하게 써먹을 날이 온다.

20년 동안 수천 명을 인터뷰한 내 경험에 비춰보면, 상대가 자신의 흥미로운 이야기를 꺼낼 수 있게 유도하는 몇 개의 좋은 질문이 있다.

이를 당신을 위해 전격 공개한다.

"…을 했을 때 가장 먼저 생각난 사람은 누구였나요?"

"…을 했던 날, 그날이 그 일을 하기에 딱 안성맞춤인 날이었나요?"

"…을 한 이유들 중 저에게 꼭 들려주고 싶은 이야기가 있으실까요?

"…을 완성하는 데 어떤 단계들을 거치셨는지 궁금합니다."

"…을 했을 때 나눈 잊지 못할 대화에 대해 말씀해주세요."

특히 인터뷰어들은 마지막 질문을 좋아한다. 잘나가던 직장을 그만두고 자신의 회사를 차리려는 사람들을 인터뷰할 때는 이렇게 해보라.

"모두가 선망하는 X라는 직장을 그만두고 독립하고 싶다는 얘기를 당신의 아내(또는 남편)에게 처음 했을 때 어떤 대화가 오갔는지 소개해주시겠어요?"

맹세하건대, 이 질문을 던져서 근사한 이야기를 끌어내지 못한 적은 한 번도 없다.

당신의 인간관계를 점검하는 효과적인 방법은 이렇다.

'네 또는 아니오'라는 단답형 답을 주로 듣고 살고 있다면, 당신의 대인관계는 영점이다. 사람은 누구나 자신의 이야기를 털어놓길 좋아한다. 당신 삶에 중요한 사람들이 자신에 대해 이야기할 수 있게 작은 문을 열어주어라. 그러면 그들은 자신의 이야기를 털어놓을 기회를 만들어준 당신을 매우 좋아하게 될 것이다.

성공의 모든 기회가 거기에서 피어난다.

알렉스 블룸버그 Alex Blumberg

〈리플라이 올Reply All〉〈스타트업StartUp〉〈미스터리 쇼Mystery Show〉를 비롯해 수많은 블록버스터 팟캐스트를 제작한 김릿 미디어Gimlet Media의 CEO다. 그는 자타가 공인하는 세계 최고의 스토리텔러다.

35

"보는 법을 배워라."

책읽기가 정말 싫은가?

그럼 읽지 마라.

읽지 않고도 지혜를 얻을 수 있는 방법을 모색하라.

중요한 건 죄책감을 갖지 말라는 거다. 죄책감은 책읽기의
대안을 찾아내는 걸 방해한다.

서른 살에는 무엇이든 좋다, 보는 법을 배워라. 자신에게 맞
는 리듬이 있다. 그러니 자신의 리듬에 맞는 방법을 찾아보라.
책이 아니라 음악이나 미술에서 독서보다 더 좋은 효과를 얻을
수도 있다.

다시 강조하지만 자신이 하지 못하는 것에 대해 어떤 경우

에도 자책하지 마라.

죄책감과 자책은 회피와 도피에만 삶을 열중시킨다.

에드 캣멀 Ed Catmull
월트디즈니 스튜디오&픽사 스튜디오 회장.

36

"불평 다이어트에 성공하라."

나는 태어날 때부터 이분척추증이었다. 척수 주위에 등골이 형성되지 않는 선천적인 결손증이다. 베트남 전쟁에 참전한 아버지가 고엽제에 노출된 탓이다.

수술을 받고 회복하는 동안 나는 그림을 많이 그렸다. 다만 일어서지 못했기 때문에 바닥을 기어 다니면서 그려야 했다. 그런 처지가 한심했던 나는 불평을 쏟아냈고 잔뜩 비틀린 태도를 보였다. 물론 불평은 아무런 치유 효과도 없었고 비참함만 더할 뿐이었다.

점점 성장하면서 나는 더욱 심한 불평분자가 되어갔다. 일어나는 모든 일에 냉소적인 태도를 보였고, 한 번 불평이 터지면 도무지 끝날 줄을 몰랐다.

그러던 어느 날 나는 아주 우연하게도 책을 읽다가 다음과 같은 문장을 발견했다.

"불평을 늘어놓는 건 모든 사람의 권리다. 하지만 불평을 하는 사람은 아무도 도와주지 않는다."

그의 말은 잔혹하리만큼 사실이었다. 문득 주위를 둘러보니 아무도 없었다. 도와주기는커녕 아무도 나를 방문조차 하지 않았다.

잘못된 일에만 집중하면서 시간을 보낸다면, 주변 사람에게 늘 그런 감정만 표현하고 투사한다면 어떻게 될까?

답은 명확했다. 불평은 파멸의 근원이다.

내가 얼마나 고통스러웠는지, 짜증이 났는지, 얼마나 힘들었는지 얘기하다 보면, 내 삶은 부정적인 방향으로 움직이면서 점점 가속도가 붙기 시작한다. 한번 불평이 터지면 끝날 줄 몰랐던 이유가 바로 여기에 있었다.

그래서 나는 스무 살이 넘으면서 결심했다. '불평 다이어트'를 하겠노라고.

부정적인 어떤 말도 하지 않는 건 물론이고, 그와 관련된 어떤 부정적인 생각도 하지 않겠다고 굳게 맹세했다.

이 다이어트에 완전히 성공하기까지는 꼬박 10년 정도 걸렸다. 그러고 나자 삶이 획기적인 속도로 방향을 틀었다. 긍정적인 생각이 마음을 채우기 시작했고, 잘못된 일들에 집착하지 않게 되었다. 나아가 신체적인 고통 또한 한결 줄어들어 일을 하는 데 필요한 자유와 해방감을 만끽할 수 있게 되었다.

10년의 시간을 들여 달성해야 할 목표가 있다면, 나는 조금도 주저 없이 불평 다이어트를 추천하고자 한다.

불평의 무게가 줄어들면서 삶은 날아갈 듯 가벼워진다.

트레이시 디눈지오 Tracy DiNunzio

트레이시 디눈지오는 경이로운 인물이다. 그녀는 로켓처럼 빠른 속도로 성장한 트레데시Tradesy의 설립자 겸 CEO다. 리처드 브랜슨, 클라이너 퍼킨스 같은 투자자들에게서 7,500만 달러를 투자받았고 존 도어John Doerr 같은 유명 인물이 회사 이사진에 포함되어 있다. 트레데시는 요청할 경우 고객들이 소유한 모든 물건의 재판매 가치를 알려주는 걸 사명으로 삼은 회사다. 이 회사의 슬로건은 '당신의 벽장 안에 숨어 있는 현찰'이다.

37

"기준을 지켜라."

기업가로 큰 성공을 거둔 아버지는 내가 고등학생일 때 이런 조언을 해주셨다.

"크리스, 네가 갖게 될 직업은 아직 만들어지지도 않았어. 그러니 그렇게 심각한 얼굴로 걱정할 게 아니라 앞으로 어떤 일이 일어날지 눈을 반짝이며 기대를 하고 살아도 돼."

어쩌면 이 조언이 내 삶의 방향을 획기적으로 바꿨을지도 모른다. 스무 살이 되자 정말 그때까지 상상조차 하지 않았던, '요리사'가 되겠다는 결심이 손님처럼 불쑥 찾아왔으니까.

셰프가 되겠다고 아버지에게 말씀 드렸을 때 당신께선 또 하나의 좋은 가르침을 주셨다.

"멋지구나. 멋진 셰프가 되려면 최고의 셰프에게 배워야 한 단다."

나는 최고의 셰프(윌리엄 벨릭키스William Belickis)를 무작정 찾아 갔다.

"당신 밑에서 인턴으로 일하고 싶습니다. 무엇이든 시켜주세 요."

"헛소리 말고 꺼져."

하지만 나는 포기를 몰랐고, 윌리엄은 내가 포기를 모르는 사람이란 걸 결국엔 알아차렸다. 그는 나를 식당 안으로 불러 들여 와인 한 잔을 건넸다.

"요즘은 경기가 별로 좋지 않아. 그러니 자네 같은 애송이에 게 내줄 만한 자리가 있을 턱이 없지."

나는 미소를 지으며 말했다.

"그렇군요. 윌리엄, 그렇다면 이런 불황에도 끄떡없는 식당 을 혹시 알고 계신가요? 저 같은 요리사 지망생도 넉넉히 품어 줄 만한 최고의 셰프가 운영하는 식당이 있다면 알려주세요. 저는 정말 요리사가 되어야 합니다. 끝까지 한번 가보고 싶어 요."

윌리엄은 잠시 나를 쳐다보다가 입을 열었다.

"오늘부터 내 밑에서 일하게나. 죽을 각오는 돼 있겠지?"

윌리엄의 자존심을 건드려 최고의 문하에 들어가는 데 멋지게 성공하는 순간이었다.

내가 최고의 셰프 윌리엄 밑에서 청춘을 보내며 배운 한 가지가 있다. 하늘이 두 쪽 나도 '기준'을 지켜야 한다는 것이었다.

하루는 단체 손님이 왔는데, 음식 준비가 제대로 되어 있지 않았다. 어떻게든 요리를 만들고, 그 위에 바다가재로 만든 크림을 올리려고 했지만 시간에 쫓겨 생략하고 그대로 손님에게 내가도록 했다. 얼마 후 윌리엄이 벌개진 얼굴로 주방에 들어와 나를 불렀다. 그에 손에는 내가 만든 요리 접시가 들려 있었다.

"이게 뭐지? 이걸 손님에게 주고 돈을 받겠다고?"

"죄송합니다. 시간이 없어서…"

"죄송하다는 말 따위는 아무짝에도 쓸모없어. 기준을 지켜, 크리스. 기준 이하로 만들어놓고 슬쩍 넘어가려다 들키니까 미안하다고? 그런 사과는 형편없는 사람들이나 하는 거야. 엄격한 기준이 없는 사람은 최소한 나랑 함께 일할 수 없어. 명심해."

당시를 생각하면 지금도 눈물이 날 것 같다. 엄격한 기준을 만들어 엄수하라는 스승의 조언을 가슴에 새긴 덕분에 나는 지금껏 나 자신에게 부끄럽지 않은 요리사의 삶을 살아왔다고 생각한다.

지난날을 돌아보며 스무 살, 서른 살 독자들에게 보잘것없는 내가 해줄 수 있는 조언은 이렇다.

높은 기준을 만들고 반드시 지켜라.

문제가 발생하면 도움을 청하라. 해결을 위해 필요한 일은 무엇이든 하라.

단, 절대 자신을 속이지 마라.

크리스 영 Chris Young

강박적인 수선공이자 발명가이자 혁신적인 요리사. 그의 전문 분야는 익스트림 비행부터 수학, 지구 종말의 날에나 볼 법한 엄청난 규모의 BBQ에 이르기까지 매우 다양하다. 《모더니스트의 요리법Modernist Cuisine》이라는 6권짜리 베스트셀러 시리즈를 펴냈으며, 영국의 유명 요리사 헤스턴 블루멘탈Heston Blumenthal이 운영하는 세계 최고의 식당 중 하나인 팻 덕Fat Duck의 실험 주방을 만드는 데 참여했다. 현재 시애틀의 파이크 플레이스 마켓에 거점을 둔 셰프스텝ChefSteps의 CEO다.

38

"본업만으로는 부자가 될 수 없다."

내가 영업의 달인이 된 배경에는 부모님이 계신다. 두 분은 진지한 대화 주제가 나올 때는 늘 내게 이렇게 말씀하셨다.

"아들아, 본업만으로는 부자가 되지 못할 거야. 네가 부족해서가 아니라 자본주의 시스템이 그렇단다. 무엇을 하든 적극적으로 미래를 대비해야 해."

다양한 상품을 다양한 고객에게 파는 영업 일은 하나의 직장을 다니는 것보다 훨씬 더 좋은 수입을 내게 안겨주었다. 훌륭한 고객은 사무실 안이 아니라 바깥에 있었고, 나는 그들에게 적극적으로 다가설 수 있는 방법들을 모색하는 데 청춘을 바쳤다.

이처럼 젊은 시절엔 뭔가를 팔아서 돈을 버는 일을 하는 것도 매력적이다. 누군가에게서 월급을 받는 직장생활도 나쁘지는 않지만 뭔가 삶을 수동적으로 살고 있다는 느낌이지 않은가? 영업을 하다 보면 세상의 많은 부자들을 만날 기회가 생기고, 그들에게서 생각지도 못한 것들을 배우게 된다.

이 글을 읽고 당신이 세일즈맨이 되기로 결심했다면, 다음과 같은 내 작은 습관도 검토해보라.

나는 일주일에 5일은 잠자리에 들기 전에, 그리고 아침에 일어나자마자 내가 정한 목표를 큰소리로 읽는다. 내게는 건강, 가족, 사업 등에 관한 10가지 목표가 있다. 각 목표마다 유효기간이 정해져 있고, 6개월에 한 번씩 목표를 갱신한다.

아침저녁으로 목표를 낭독하면, 그것을 달성해야겠다는 욕망이 구체적인 모습으로 다가오며 생생해진다. 여기서 얻은 에너지로 하루를 힘차게 살고, 충만하게 마무리할 수 있다. 각 목표마다 유효기간을 정해놓지 않으면, '인생은 짧아, 데이먼드. 이러고 있을 시간이 아니야!'라는 경고 메시지를 얻기 어려워진다. 인생은 상상을 초월할 정도로 짧다는 각성을 규칙적으로 얻게 되면, 그만큼 목표 달성이 쉬워진다.

마지막으로, 막 세상에 나와 고군분투하는 당신에게 추천하고 싶은 책이 있다.

잭 웨더포드Jack Weatherford 교수의 《칭기스칸, 잠든 유럽을 깨우다Genghis Khan and the Making of the Modern World》다. 내가 만난 억만장자들이 공통적으로 내게 추천해준 책이다. 시간을 들여 정독하고 나면, 세상과 자신을 바라보는 눈이 뚜렷하게 달라질 것이다.

내가 살아가면서 신조로 삼는 말이 있다.

'돈은 좋은 하인이지만, 최악의 주인이기도 하다.'

당신이 지혜로운 주인이 되면, 돈은 자연스럽게 당신을 섬길 것이다.

데이먼드 존Daymond John

후부FUBU의 CEO다. 그는 40달러의 예산을 가지고 시작한 이 일을 60억 달러짜리 라이프 스타일 브랜드로 키워냈다. 〈브랜드위크Brandweek〉가 선정한 올해의 마케터, 〈애드버타이징 에이지Advertising Age〉가 뛰어난 광고 캠페인에 수여하는 '마케팅 1000 어워드', 언스트&영Ernst & Young의 올해의 뉴욕 기업가 상을 비롯해 업계에서 수여하는 상을 35개 이상 받았다. 《빈털터리의 힘The Power of Broke》 등 3권의 베스트셀러를 쓴 작가이기도 하다.

39

"확실하게 알아야 한다."

카네기멜론 대학교에서 박사과정을 밟을 때 내 지도교수가 마누엘 블럼Manuel Blum이었다. 그는 암호해독술의 아버지로 평가받는 인물이다. 아주 놀랍고 재미있는 분이었는데, 그에게서 정말 많은 걸 배웠다.

어느 날 나는 그에게 준비 중인 논문 주제에 대해 설명을 하는 자리를 가졌다. 그런데 내가 첫 문장을 꺼내자마자 블럼 교수는 이렇게 말했다.

"난 무슨 말인지 이해가 잘 안 되는데."

그러면 난 다르게 설명할 방법을 찾고자 애를 써야 했다. 그러다 보면 첫 문장조차 통과하지 못한 채 한 시간이 훌쩍 지나곤 했다.

"흠, 시간이 많이 흘렀군. 다음 주에 다시 만나세."

그런데 몇 달 동안 계속 이런 식이었다. 나는 입도 제대로 못 열어보고 그의 연구실을 나서야 했다.

문득 짜증이 솟구쳤다.

'아니, 대체 이런 사람이 정말 천재적인 암호전문가란 말인가?'

천신만고 끝에 나는 가까스로 논문 주제를 통과 받았다. 하지만 곰곰이 생각해보니, 내가 맨 처음 제출해 번번이 첫 문장부터 퇴짜를 맞았던 논문 주제 요약문과 통과 받은 요약문 사이엔 별다른 차이가 없었다. 심지어 첫 문장은 거의 똑같았다!

영문을 몰라 하는 내게 블럼 교수는 빙그레 미소를 지으며 말했다.

"맞아, 달라진 건 별로 없지만, 정말 결정적인 한 가지가 달라졌어. 지난 몇 달간 자네는 자네의 논문에 대해 누구보다 더 정확한 개념을 갖게 되었네. 축하하네."

나는 이 말을 평생 잊지 못할 것이다.

요약문 자체는 별로 달라진 게 없지만, 교수님께 퇴짜를 맞으면서 나는 점점 더 내가 쓰고자 하는 논문의 목표에 대해 정확하게 알게 된 것이다. 처음엔 요약문에 대해 나 자신조차 정확하게 이해하지 못하고 있었던 것이다. 그저 제출하고 설명하라고 하니, 부랴부랴 준비해 잘 알지도 못하면서 첫 문장을 입에 담았던 것이다.

정말 잘 알기 전에는 타인 앞에 서면 안 된다. 하루 빨리 책을 내고 싶은 마음에 잘 알지도 못하는 원고를 출판사에 보내서는 안 된다. 어렴풋이 아는 걸 내세워 타인을 설득해서도 안 된다.

사람들과 대화를 나눌 때도 마찬가지다.

항상 '그 부분이 이해가 잘 되지 않는데, 다시 한 번 말씀해 주시겠습니까?'의 태도를 유지해야 한다. 타인이 하는 말을 완전하게 이해한 다음에 협상을 하든, 조언을 주든, 도움을 주든, 사업을 하든 해야 한다. 그래야만 타인도 나를 강력하게 신뢰하게 된다.

블럼 교수는 내게 결과물이 아니라 과정을 더 중시하는 방법을 알려주셨다.

삶의 진리는 단순하다.

과정이 나쁘면 절대 결과가 좋을 수 없다. 과정이 좋으면, 결과가 절대 나쁠 수 없다.

깊이 알 때마다, 더 좋은 결과를 얻는다.

확실하게 알 때 가장 큰 결과를 얻는다.

루이스 폰 안 Luis Von Ahn

카네기멜론 대학교의 컴퓨터공학 교수이자 1억 명 이상의 사용자를 보유한 무료 언어학습 플랫폼 듀오링고Duolingo의 CEO다. 20대에 회사 두 개를 설립해 구글에 매각했다. 〈포퓰러 사이언스Popular Science〉가 선정한 '10대 천재'에 이름을 올렸고, 〈패스트 컴퍼니〉가 꼽은 '가장 창의적인 비즈니스맨 100명' 안에도 포함되었다.

40

"18개의 회사를 거절하라."

주식 투자로 돈을 버는 방법은 2가지다.

갓 창업한 IT 기업들, 그리고 증권거래소에서 공개적으로 거래되는 주식에서 뛰어난 투자 성과를 올리는 것이다. 대부분 한쪽 투자에 능한 사람은 다른 쪽은 못하는 게 보통이다. 그런데 이 2가지 모두에서 독보적인 성과를 기록하는 투자자들도 생각보다 많다.

그들은 다음의 3가지 질문을 다양하게 변형해 투자의 바탕을 만든다.

'이 회사에 대해 제대로 이해했는가?'

'이 회사가 지금부터 3년 뒤 시장을 지배할 정도로 성장할 거라고 생각하는가?'

'그 기술이 3년 안에 우리 생활의 일부가 될까?'

이 3가지 질문에 대한 유익한 답들을 찾는 노력을 하면 좋은 투자를 할 수 있다. 또한 놀라운 성공을 거둔 투자들의 내막을 꼼꼼히 살펴보면, 과학적이고 체계적이라기보다는 직감적이고 드라마틱하다는 것이다. 다시 말해 투자의 귀재들은 늘 극적인 투자에 성공한다.

따라서 이제 막 주식 투자에 입문한 젊은 사람들은 위에서 소개한 3가지 질문에 대한 답을 꾸준히 얻는 노력과 함께 '직감'을 키워야 한다. 투자의 세계에선 운이 곧 실력이다.

마지막으로 성공하는 투자에 대해선 지겹도록 많이 들었을 테니까, 여기에서는 어느 매체나 책에서도 별로 소개되지 않은 방법을 소개해보자.

사실 나는 좋은 투자처를 찾는 데 별 소질이 없다. 그래서 나쁜 투자처를 피하는 프레임을 투자에 활용한다. 내가 지금껏 실행에 옮긴 모든 투자를 평가해보면, 투자할 만한 회사 하나를 찾기까지 평균 18개의 회사를 검토했다. 정말 많은 '거절'을 한 것이다.

　나의 이 같은 경험과 투자 데이터가 당신에게 유용할 수도 있다. 열심히 모아서 일정한 투자금이 생겼다면 성급히 판단하지 말고, 여유를 갖고 18개의 회사를 후보 리스트에 올려놓고 치열하게 검토해보라. 분명 뭔가 유용한 것들을 얻게 될 것이다.

　젊은 투자자들은 늘 당장 뛰어들고 싶어한다.

　하지만 명심하라.

　투자에서 돈을 버는 사람들은 당장 뛰어든 사람이 아니다.

　아무도 모르게 뛰어든 사람이다.

케빈 로즈 Kevin Rose

스타트업 분야에서 가장 뛰어난 증권 컨설턴트 중 한 명이다. 그는 최고의 트렌드 전문가이기도 하다. 구글 벤처스Google Ventures의 무한책임사원이 되어 우버, 미디엄Medium, 블루 보틀 커피Blue Bottle Coffee 같은 기업들에게 자금을 지원한 투자 팀의 일원으로 일했다. 현재 세계 최고의 온라인 손목시계 마켓플레이스이자 뉴스 사이트인 호딩키Hodinkee의 CEO로 일하고 있다.

41

"연약한 모습을 드러내라."

내가 살아오면서 남들보다 탁월하게 한 게 있다면 '인간관계'다. 뭐 별로 내세울 것도 없지만, 나는 세상 그 누구보다 빨리 모르는 사람과 친해질 수 있다.

비결은 간단하다. '연약한 면모'를 드러내는 것이다.

상대가 100만 팔로어를 가진 대스타이든, 격투기 세계 챔피언이든 상관없다. 내가 먼저 연약한 모습을 보이면 제아무리 골리앗 같은 거인이라 할지라도 효과적으로 함락시킬 수 있다.

뜬금없이, 난데없이 이렇게 말하라.

"제가 요즘 Y 때문에 고전하고 있는데, 혹시 그런 경험이 있으신지요? 실례가 안 된다면 이 문제에 대해 여쭤보고 싶습니다."

그렇다고 너무 훅 들어가지 말고, 만남의 본질을 흐리지 않는 수준에서 순수하게 조언을 구해보라. 상대는 긴장을 풀며 당신에게 좋은 감정을 갖게 될 것이다.

대화를 할 때는 한 가지만 명심하라.

대화의 목적은 오직 상대를 돋보이게 만들어주는 것이지, 지적을 하거나 벌을 주는 것이 아니라는 것을. 인간은 대체로 상대의 약점을 찾아내면 쾌감을 느낀다. 이 쾌감은 모든 대화의 치명적인 독이다. 최근에 당신이 실패한 대화가 있다면 곰곰이 복기해보라. 의도와는 상관없이 상대의 약점을 짚었거나, 상대를 깎아내림으로써 웃음을 유발했을 가능성이 크다.

모르는 사람과 빠르게 친해지는 또 하나의 팁은 이렇다.

"만나서 반갑습니다. 제가 오늘 당신에게 질문하지 않았으면 하는 게 있나요?"

특히 인터뷰 때 이 질문은 매우 효과적인데, 다양한 형태의 대화 자리에서도 마찬가지다. 상대에게 당신이 원하지 않는 건 더 깊이 파고들거나 호기심을 갖지 않겠다는 뜻을 처음에 세련되게 밝히면, 상대는 당신의 열렬한 팬이 될 것이다.

내가 기자로서 좋은 기사와 특종을 낼 수 있었던 것이 바로

이 질문 때문이었다.

다시 한 번 말하지만 연약한 모습을 보여주어라.

내가 먼저 속마음을 솔직하게 보여주는 것이 상대에 대한 최선의 배려이고, 분명 그보다 더 큰 대가를 얻게 될 것이다.

닐 스트라우스 Neil Strauss

《더 게임The Game》《더 트루스The Truth》를 비롯해 8권의 〈뉴욕 타임스〉 베스트셀러를 발표했다. 〈롤링 스톤〉 편집자와 〈뉴욕 타임스〉 기자로 명성을 얻었다.

66

지금 있는 곳에서, 자기가 가진 것으로, 할 수 있는 일을 하라.

99

_시어도어 루스벨트Theodore Roosevelt

66

열렬히 박수 받는 투자 활동에 주의하라.
위대한 조치는 대부분 조용하고 지루하고 재미가 없다.

99

_워렌 버핏Warren Buffett

42

"패턴을 무시하라."

젊은 비즈니스맨들이 가장 저지르기 쉬운 실수 중 하나가 있다. 바로 '패턴'을 찾는 것이다. 과거의 성공 패턴을 많이 알면 알수록 좋다고 생각하는데, 이는 큰 착각이다.

새로운 모델을 제시해 모두를 놀라게 하며 성공하는 기업으로 패턴 찾기는 시작된다. 우버, 온디맨드 네트워크, 에어비앤비, 공유경제, 와비 파커…. 그다음엔 무수한 분석이 이루어지고 이미 시도된 바 있는 시나리오를 대량으로 채택한다. 패턴을 찾는 노력으로 할 수 있는 건 '흉내 내기'다. 흉내 내기로 성공한 사람들은 와비 파커의 바로 다음번에 위치한다. 즉 1등의 바로 뒤인 2등을 차지 못하면 흉내 내기는 참담한 실패로

끝난다.

전문 투자가인 나는 이런 실패담을 끝도 없이 알고 있다. 필요하다면 이메일로 당신에게 끝도 없이 보내줄 수도 있다.

이런 이유로 나는 늘 과거에 영향을 받지 않는 법을 고민한다. 그리고 애석하게도 아직까지 뾰족한 답을 얻지는 못했다. 그럼에도 나는 사람들에게 무엇을 권유해야 하는지는 잘 안다. '성공하고 싶다면, 성공하는 패턴을 무시하라.'

성공담들에는 공통적인 특징이 있다.

첫째, 타이밍이다.

둘째, 예측과 통제가 불가능한 변수(상황)다.

타이밍과 예측 불가능한 상황은 오직 신만이 그 답을 알고 있다. 최적의 타이밍에 근접하고 예측력을 극대화할 수는 있지만, 성공담에 담긴 타이밍과 변수는 그 수준을 훨씬 초월한다. 타이밍과 변수의 공통적인 패턴을 찾는 건 불가능하다는 뜻이다.

그러니 성공은 모두 잊어라. 성공했던 경험 모두 깡그리 지워라. 성공을 모두 잊을 수 있을 때 새로운 성공이 나타나는 법이다. 이 진리를 얻기까지 나는 수십 년의 세월을 보냈다.

패턴을 찾는 대신 패턴을 무시하는 노력을 기울이길 바란다.

마지막으로 세계 모든 대학교 캠퍼스에 내걸고 싶은 말이 있다.

'아이디어가 아니라 아이디어의 실행이 중요하다.'

젊은 시절엔 누구나 대단히 창의적이고 이상적이다. 다시 말해 젊고 창의적인 당신에겐 더 많은 아이디어가 필요하지 않다. 이미 아이디어는 충분하기 때문이다.

당신에게 가장 필요한 것은 이미 가진 아이디어에 대한 '책임감'이다.

패턴을 잊고 당신의 아이디어에 책임을 져라.

이 두 가지에 성공하는 순간, 당신은 최고의 자리에 오를 것이다.

스콧 벨스키 Scott Belsky

기업가이자 투자가다. 샌프란시스코에 있는 벤처 투자 기업 벤치마크Benchmark의 투자 파트너로 활약하고 있다. 2006년 비핸스Behance를 창업해 2012년 어도비에 인수될 때까지 CEO로 재직했다. 핀터레스트, 우버, 페리스코프 등 빠르게 성장한 많은 스타트업들의 초기 투자자이자 고문관이다.

43

"폐활량을 키워라."

내가 서른 살로 돌아간다면, 무엇보다 폐활량을 키우는 데 전력을 다할 것이다. 장수하는 사람들이 공통적으로 나타내는 두 가지 특징이 있다.

첫째, 치실을 사용한다.

둘째, 최대 산소섭취량이 가장 높은 수준을 나타낸다.

폐활량을 키우는 건 비단 장수에 도움이 되어서가 아니다. 평생을 비즈니스맨으로 살아온 나는 늘 실패에 대한 불안을 안고 살았다. 그러던 어느 날 내 삶을 바꾼 헬스 코치를 만났는데, 그는 이렇게 말했다.

"당신 같은 사업가들은 무엇보다 긍정적인 마인드가 필요하죠. 긍정적인 주문이 가장 잘 먹힐 때가 언제인지 아시나요? 호흡 운동을 할 때입니다."

믿기 어렵다면 당신도 꾸준히 해보라. 크고 빠르게 숨을 들이마시면서 폐를 확장하는 데 집중한다. 그러면서 천천히 다음과 같은 주문을 외운다.

'나는 기쁨이고 사랑이며 감사다. 나는 내 삶의 목적이 타인들에게 영감을 주고 변화를 이끄는 것임을 보고 듣고 느끼고 안다.'

시도해보면 놀라운 효과를 경험하게 될 것이다.

치실을 사용하는 사람이 왜 장수할까? 꾸준히 치실을 사용할 정도로 꼼꼼하고 부지런한 사람이라면 분명히 장수에 도움이 되는 습관을 갖고 있을 것이기 때문이다.

호흡 운동을 하며 긍정적인 주문을 외우는 사람이 그렇지 않은 사람보다 성공할 확률이 더 높은 것도 마찬가지 이유에서다.

젊을 때는 스트레칭을 하고 호흡을 최대한 키워라. 젊을 때 훈련하면 뒤늦게 그것의 탁월성을 깨달은 사람들이 너도 나도 명상과 호흡에 뛰어들 때 이미 까마득히 앞서 나가 있는 좋은 경쟁력이 되어준다.

나처럼 뒤늦게 깨닫고 후회하지 말고, 지금 시작하라.

성공하는 사람들의 가장 큰 특징은 탁월하게 심호흡하는 폐를 가졌다는 것이다.

피터 디아만디스 Peter Diamandis

〈포춘〉이 뽑은 '세계 최고의 리더 50인' 중 한 명이다. 개인 우주비행 프로젝트인 1,000만 달러짜리 안사리 엑스프라이즈Ansari XPRIZE로 유명한 엑스프라이즈 재단의 설립자이자 회장이다. 지구 밖 소행성에서 고가의 희귀 광물을 채굴하는 탐사를 위한 우주선을 설계하는 기업 플래니터리 리소스Planetary Resources의 공동 설립자이자 회장이기도 하다.

44

"거리를 유지하라."

스무 살인가, 스물한 살 때였다.

나는 미 해군 특수부대의 일원이 되었는데, 캘리포니아에 있는 석유 시추시설에서 훈련을 하고 있었다. 그곳은 나뿐 아니라 내가 속한 소대원들 모두 처음이었다. 각 층마다 무시무시한 장비와 상자들이 쌓여 있었고, 금방이라도 파도가 덮칠 듯 엄청난 소리를 냈다.

가까스로 조금씩 위로 올라갔다. 워낙 복잡한 시설이라 다들 얼어붙었다. 훈련 상황이었음에도 자칫 잘못하면 총탄을 난사할 수도 있는 분위기였다.

나는 그냥 기다렸다. 팀에 합류한 지 얼마 안 되었기 때문에 나서야 한다는 생각은 들지 않았다. 그런데 모두가 너무나 긴장하고 있었기에, 이대로 둬서는 큰 사고가 일어날 것 같았다.

나는 정신을 가다듬고 '앞에총' 자세를 취하고 대열에서 벗어났다. '앞에총' 자세를 취한 건 나는 전혀 사격할 뜻이 없다는 것을 보여주기 위함이었다.

그런데 대열에서 한 걸음 물러나서 보니, 뜻밖에도 상황이 잘 보였다.

"왼쪽으로 돌아, 오른쪽으로 움직여."

나는 지휘관이 아니었지만 이렇게 지시했다. 그리고 모두가 기다렸다는 듯 내 말을 따랐다. 무시무시한 분위기 속에서도 퍼뜩 머릿속에 한 줄기 생각이 스쳤다.

'아, 이렇게 하면 되는구나. 한 걸음 물러나 관찰하는 거야.'

상황에서 한 걸음 물러나 정세 파악을 하는 게 얼마나 중요한지를 생생하게 깨달은 것이다.

그후 나는 엄중한 상황이 닥치면 한 발 비켜난 채 나와 사람들의 행동을 관찰하는 습관이 생겼다. 이는 내 삶에 많은 이익을 안겨주었다.

상대와 토론을 할 때도 지켜보고 관찰하면서 '내가 지금 너무 감정적인 건 아닌가? 상대의 반응들 중 내가 놓친 것이 있는가?'를 생각한다.

내 감정을 내가 바라보지 않으면 상대를 정확하게 읽을 수가 없다. 지나치게 감정적이면 상대의 생각을 제대로 알 수 없다. 하지만 한 걸음 뒤로 물러서면 상대를 제대로 파악할 수 있다. 그가 화가 났는지, 자존심에 상처를 입었는지, 지겨워서 그냥 져주는 건지…

거리 두기는 특히 리더에게 무척 중요하다. 꾸준히 연습해야 할 최고의 무기다.

그리고 젊은 독자들을 위한 이야기를 하나 더 들려주자면 이렇다.

젊은 시절, 나와 함께 동고동락하던 전우들 중 최고의 지휘관이 된 사람들은 늘 작은 노트를 갖고 다녔다. 그들은 훈련이 끝나면 재빨리 교관이나 상관에게 달려가 물었다.

"오늘 제가 잘못한 게 있습니까? 가차없이 지적해주시면 개선하겠습니다."

노트를 꺼내 고개를 끄덕이며 자신에 대한 쓴소리를 겸손하게 받아 적는 그들을 싫어할 상관이 있었겠는가?

그들은 모두 총애를 받으며 승승장구했다.

객관적인 자리로 한 걸음 물러나라.

그리고 노트를 갖고 다니며 질문하라.

당신에게 승리를 안겨줄 사람들이 모여들 것이다.

조코 윌링크 Jocko Willink

지구상에서 가장 무시무시하게 생긴 사람 중 한 명이다. 브라질 주짓수 검은 띠이고 운동 시간마다 '네이비 실Navy Seal' 대원 20명을 항복시켰다. 그는 특수정보 분야의 전설적인 존재이고 날카로운 눈으로 상대를 꿰뚫어본다. 20년 동안 미국 해군 소속으로 이라크전에서 가장 많은 훈장을 받은 특수 부대 팀 쓰리 태스크 유닛 브루저Seal Team Three's Task Unit Bruiser를 지휘했다.

45

"글은 작가가 쓰는 것이 아니다."

살다 보면 내 이름이 표지에 새겨진 책 한 권을 쓰고 싶어질 것이다. 자신의 지식과 통찰을 담은 책 한 권을 출간하는 데 성공하면, 실로 많은 기회들이 생겨난다. 따라서 책 쓰기는 점점 성공을 꿈꾸는 사람들에게 필수 항목이 되고 있다.

대부분 소설이 아니라 논픽션nonfiction을 쓰게 될 것이다. 소설가는 어느 시대나 소수이니까. 그렇다면 논픽션을 쓰려면 어떻게 해야 할까?

가장 중요한 것은 '리서치research'다.

논픽션 분야에서 글이 잘 써지지 않는다는 건 작가의 벽에 부딪혀서가 아니다. 구상한 주제에 대해 힘과 지식을 갖고 쓸

만큼 리서치를 하지 않았다는 뜻이다. 문장이 생각나지 않는 것이 아니라 정보가 없는 것이다. 세상으로 나가 부지런히 발품을 팔면서 글의 주제에 대한 충분한 정보를 가져오지 않았다는 뜻이다.

리서치가 부족한 문제를 '언어'로 풀려고 하기 때문에 글쓰기는 괴로운 노동이 된다. 뛰어난 필력으로 해결할 수 있는 일이 아니다.

탐사보도 전문 기자들이 몇 년씩 남극에 틀어박히는 이유가 여기에 있다. 문장은 중요하지 않다. 글 솜씨가 좋은 사람만 책을 낼 수 있다면, 출판사들은 모두 망했을 것이다.

최고의 논픽션은 작가가 아니라 리서치 천재가 만들어내는 결과물이다.

세바스찬 융거 Sebastian Junger

《퍼펙트 스톰》《Fire》《A Death in Belmont》《War》《Tribe》 등을 발표한 〈뉴욕 타임스〉 베스트셀러 작가이자 전국 잡지상National Magazine Award과 피버디상Peabody Award을 수상한 세계적인 저널리스트다. 또한 그는 다큐멘터리 제작자로 팀 헤더링턴Tim Hetherington과 함께 연출한 데뷔 영화 〈레스트레포〉는 아카데미상 후보에 올랐고 선댄스 영화제에서 심사위원 대상을 받았다. 아프가니스탄 코란갈 계곡에 배치된 미군 부대의 모습을 담은 〈레스트레포〉는 전쟁 보도의 혁신을 마련했다는 평가를 받고 있다.

46

"10년 후 나에게 말을 걸어라."

좀 더 빠른 성장을 위한 지혜는 다음의 질문을 던지는 것이다.

'10년 후의 나에게 무슨 말을 해줄까?'

나는 이 질문에 답을 하면서 젊은 날의 좌절과 시련을 견뎠다. 미래의 자신을 떠올려보고 답을 찾는 노력은 매우 효율적이고, 그 과정에서 생각지 않았던 지혜를 선물 받기도 한다.

현재 마흔이 넘은 나는 종종 25살의 나에게 어떤 이야기를 들려줄까 생각하기도 한다. 여전히 답은 '대학을 빨리 중퇴하라'였다. 하지만 이런 답은 마흔이 넘은 나를 잠시 웃게 할 뿐, 현재의 내 상황을 아무것도 변화시키지 못한다.

바쁘고 지칠수록 테이블 맞은편에 당신보다 10살 더 많은 당신을 앉혀놓고 말을 건네 보라. 신기한 일들이 벌어질 것이다.

싱크대 상판을 만드는 노동자였던 내가 유튜버가 되고 10억 달러에 매각한 회사를 만든 기업가로 성장한 비결이 여기에 있다.

셰이 칼 Shay Carl

27살에 처음 컴퓨터가 생겼다. 육체노동자였던 그는 화강암 싱크대 상판 작업을 하는 틈틈이 유튜브에 영상을 올렸고 그후 빠른 속도로 지금의 위치에 오르게 되었다. 그의 유튜브 채널 SHAYTARDS는 지금까지 총 25억 건의 조회를 기록했다. 메이커 스튜디오Maker Studios를 공동 창업해 디즈니에 10억 달러를 받고 팔았다.

47

"멋진 모험을 찾는 당신에게."

아무것도 시작한 게 없고, 아무것도 이뤄놓은 것이 없다는 생각이 드는가? 그럴 것이다. 당신뿐 아니다. 이 거대한 세계에 첫 발을 뗀 젊은 사람들은 대부분 이런 생각으로 조바심을 칠 것이다. 나 또한 그랬다. 빌어먹을 오디션에서 너무 떨어져 나중에는 화조차 나지 않았다.

하지만 지금 이렇게 멀쩡히 살아 있다. 아카데미상과 골든 글로브상을 두 번 받았고 에미상을 한 번 받은 배우가 되었다.

언젠가 아버지가 갑자기 눈물을 흘리며 내게 이렇게 말씀하신 적 있다.

"케빈, 내 아들아⋯ 나는 살면서 모험을 한 적이 한 번도 없었구나."

내가 배우가 되겠다는 걸 극구 반대했던 아버지가 어느 정도 영화판에 자리를 잡은 내 손을 잡으며 탄식하듯 말씀하신 것이다.

나는 아버지의 손을 따뜻하게 맞잡으며 말했다.

"천만에요, 아버지. 지금껏 식구들을 굶겨 죽이지 않으셨잖아요. 그것만큼 멋진 모험은 없을 겁니다!"

진심이었다. 아버지는 그 어려운 시절에도 식구들을 빈틈없이 건사한 멋진 가장이었다.

이 이야기를 당신에게 들려주는 이유는 간단하다.

당신 또한 멋지게 살아왔고, 앞으로도 그럴 가능성이 매우 높다는 것을 말해주고 싶어서다. 적어도 당신은 더 추락하고 싶지 않아서가 아니라, 더 멋진 사람이 되고 싶어 지금 이 책을 읽고 있지 않은가?

인생에 대해 두려움이 드는 건, 인생이란 게 정말 굉장한 일이라는 뜻이다. 그러니 두려움을 두려워하지 마라. '와, 한바탕 제대로 망칠 수도 있겠구나!'라고 생각하며 짜릿하게 살아가라.

작가 토니 모리슨Tony Morrison의 말을 인용해보자.

"인생이라는 소설의 첫 줄은 내가 쓰지만, 마지막 줄이 어떻게 될지는 아무도 모른다."

성공하려면 뭔가에 도전해야 하고, 끊임없이 도전을 해야 한다는 강박을 버려라.

산다는 것 그 자체가 가장 위대한 모험이다.

케빈 코스트너 Kevin Costner
세계적인 영화배우다. 평론가들에게서 우리 시대 가장 혁신적인 스토리텔러라는 격찬을 받았다. 〈늑대와 함께 춤을〉〈JFK〉〈보디가드〉〈꿈의 구장〉 등 영화사에 한 획을 그은 작품들에서 열연했다.

48

"매일 자신과 이별하라."

인생에서 가장 중요한 것이 하나 있다면, '마음 챙김mindfullness' 이다.

마음 챙김은 생각에 매혹되지 않는 것이다. 쾌감을 주는 것에 집착하거나 쾌감을 주지 못하는 것을 밀어내려고 하지 않는 채 오직 현재의 시간과 소리, 감각, 생각에 주의를 집중하는 것이다.

우리는 아침에 깨어나 밤에 잠들기 전까지 자신과 수많은 대화를 나누고 생각 속에서 길을 잃는다. 왜 길을 잃는가? 마음의 재잘거림은 우리가 인식조차 하지 못할 정도로 매력적이기 때문이다. 끊임없이 뭔가를 유혹하는 마음이 건네는 말에 계속 끌리기 때문에, 우리는 자신과 쉬지 않고 대화를 나누며 길을 잃는다.

길을 잃지 않으려면, 모든 생각과 마음의 소리가 그저 왔다가 다시 사라지는 의식의 대상이라는 사실을 알아차려야 한다. 그러면 끊임없이 내면에서 속삭여지는 주문을 깨뜨릴 수 있다.

좋은 삶을 살려면 나 자신과 매력적인 대화를 해서는 안 된다. 매일 자신을 철저하게 객관적인 상태에서 무심하게 맞이하고 떠나보낼 수 있어야 한다. 매력적인 자아와 함께하는 한 당신은 계속 길을 잃게 될 것이다.

젊은 독자들을 위한 조언을 하나 더 하자면 이렇다.

타인에게 좋은 조언을 해주기란 매우 쉽다. 하지만 좋은 조언을 받아들이기는 쉽지 않다. 당신의 문제점을 짚어내는 용기 있는 사람을 늘 곁에 두기 바란다. 그는 당신의 소울메이트는 되기 어렵더라도, 당신의 유능한 파트너가 되어줄 것이다.

성공에는 내 맘에 쏙 드는 매력적인 친구가 아니라 직언을 잊지 않는 파트너가 백 배는 더 필요하다.

샘 해리스 Sam Harris
스탠퍼드 대학교에서 철학을 전공했고 UCLA에서 신경과학 박사학위를 받았다. 《깨어나기 Waking Up》를 비롯한 많은 베스트셀러를 펴냈고 인기 팟캐스트 〈샘 해리스와 함께 깨어나기Waking Up with Sam Harris〉를 진행하고 있다.

49

"용과 싸워라."

내가 대학교 졸업식에서 축사를 맡게 된다면 무엇보다 '자신에게 귀 기울여라'라고 말해주고 싶다. 높은 지위를 얻거나 관객을 위해서 일한다면 이는 헛다리를 제대로 짚는 것이라고 말해주고 싶다.

행복이 무엇이라 생각하는가?

진정한 행복은 새로운 것에 있지 않다. 이미 내가 갖고 있는 것을 빼앗기지 않고 있는 상태, 그것이 곧 행복이다. 내가 원하는 것, 내가 갈망하는 꿈, 내가 추구하는 가치를 빼앗아가려는 용들과 싸워야 한다. 이 싸움에서 이기려면 안전하고 이치에 맞는 행동을 하려는 인간의 본능에 충실해선 안 된다.

본능보다 더 큰 행동을 해야 한다.

이미 내가 갖고 있는 것을 빼앗기지 않아도 되는 참된 세상을 만드는 일이 그것이다. 오직 자신만의 행복을 쟁취한 사람들은 모두 그렇게 투쟁해 왔다.

브라이언 칼렌 Bryan Callen

수많은 작품에 출연해 세계적으로 알려진 코미디 배우다. 그가 세계를 다니며 선보이는 스탠드업 코미디 공연은 늘 매진 행렬을 기록한다.

50

"성공을 재정의하라."

성공이라는 단어를 떠올릴 때 매우 특별한 재능을 가진 천재, 돈이 많은 사람의 모습이 떠오르는가? 그렇다면 당신은 처음부터 다시 방향을 잡아야 한다.

진정한 성공은 '평화로운 상태'에 놓여 있다는 뜻이다.

알랭 드 보통 Alain de Botton
설명이 필요 없는 세계적인 철학자. 《왜 나는 너를 사랑하는가》《불안》《뉴스의 시대》《영혼의 미술관》 등 수많은 베스트셀러를 펴냈다. 2008년 런던에 바쁜 현대인에게 좋은 배움과 치유법을 제시하는 인생학교The School of Life를 설립했다.

51

"좋은 것을 남겨라."

무엇인가를 잘하고 싶어서 너무 열심히 하면 오히려 못하게 된다.

잘하고 싶다는 열정이 긴장과 압박에 눌리면, 당신의 노력은 방향을 잃고 만다. 잘하고 싶은 일이 있다는 건, 거기서 탁월한 결과를 얻고 싶다는 뜻이다. 그리고 좋은 결과를 얻으려면 지혜로운 노력이 필요하다. 열심히 하는 건 좋다. 다만 그 결과가 좋지 못하면 당신은 다시 열심히 하는 것으로 복귀하기가 어려울 것이다.

잘하고 싶은 일이 있을 때는 충분히 몸을 풀고, 경쟁자가 어떻게 하는지 관전도 하면서 천천히 접근해야 한다. 이런 여유

있는 접근을 통해, 잘하고 싶은 일에서 내가 얻을 수 있는 즐거움이 무엇인지를 탐색할 수 있어야 한다. 잘하는 일인데, 그 일을 하는 게 고통스럽다면, 재미가 없다면 무슨 의미가 있겠는가? 그 일에서 인정받기 위해 불철주야 너무 열심히 하는 모습을 노출하면 그것을 보는 세상과 당신의 동료와 상사, 고객들은 부담을 느낀다.

'아, 이 사람 참 열심히 하네'보다 '아, 이 사람은 정말 자기 일을 사랑하는군'이란 평가를 들을 때 더 인정받고 더 탄탄한 신뢰를 얻는다.

젊은 시절엔 불나방처럼 뛰어들게 마련이다. 그래서 뛰어들기 전에, 내가 뛰어들 만한 불빛인지 살피는 여유를 가지면 경쟁자들보다 더 앞설 수 있다.

나아가 젊은 당신이 평생 곁에 두어야 할 책이 두 권 있다.

가브리엘 마르케스Gabriel Garcia Marquez의 《백 년의 고독One Hundred Years of Solitude》과 데일 카네기Dale Carnegie의 《인간관계론How to Win Friends and Influence People》이다. 이 두 권의 책을 정독하면 어떤 경우에도 위태롭지 않게 될 것이다.

명심하라, 천천히 서두르는 사람이 이긴다.

사랑하고 즐겨야, 삶에 좋은 것을 남길 수 있다.

그리고 좋은 것은, 반드시 남는다.

칼 퍼스먼 Cal Fussman

〈뉴욕 타임스〉 베스트셀러 작가이자 〈에스콰이어〉 칼럼니스트. 미하일 고르바초프, 지미 카터, 잭 웰치, 알 파치노, 우디 앨런, 브루스 스프링스틴, 세레나 윌리엄스 등 인류의 역사를 바꾼 인물들을 인터뷰하는 능력으로 큰 명성을 얻었다. 브루클린 출생으로 10년 동안 세계를 여행하면서 약 5.5미터의 뱀상어와 수영하고, 르완다에서 마운틴 고릴라들과 씨름하고, 아마존에서 금을 찾아 나섰다. 그는 직접 실험체로 나서서 전직 세계 챔피언 출신의 복서 훌리오 세자르 차베즈Julio Cesar Chavez와 대결을 벌였고, 세계무역센터 꼭대기에서 소믈리에를 한 적도 있다. 현재 세계에서 가장 아름다운 해변을 찾으려는 임무를 떠났다가 만난 아내, 세 자녀와 LA에서 살고 있으며 매일 아침 래리 킹Larry King과 식사를 한다.

52

"부자가 되고 싶다면 걸어라."

- 사람들에게 가장 많이 선물한 책은?

  《노인과 바다 The Old Man and the Sea》

- 어디든 거대한 광고판을 걸 수 있다면 뭐라고 적겠는가?

  "호흡하라."

- 생활신조로 삼거나 자주 떠올리는 명언이 있다면?

  "나는 아무것도 모른다."

- 몸담은 분야에서 보거나 듣는 최악의 조언은 무엇인가?

"빠르게 실패하라!"

- 다른 사람들은 말도 안 된다고 생각하지만 본인은 맞다고
  생각하는 말이 있다면?
  사람은 필요한 것을 전부 가지고 태어난다.

- 가장 값진 투자는 무엇인가?
  매일 걸어서 출근하는 시간을 내는 것(약 8킬로미터, 1시간
  15분 거리)

잭 도시 Jack Dorsey

트위터twitter 공동 창업자. 스퀘어 설립자이자 CEO, 월트 디즈니의 이사다. 2012년 〈월 스트리트 저널〉인 선정한 '올해의 혁신가상'을 받았고 2008년 〈MIT 테크놀로지 리뷰〉가 뽑은 '35세 미만 가장 뛰어난 혁신가 35인'에 이름을 올렸다.

53

"그가 나라면 어떻게 할까?"

경쟁자에게 패배했을 때나 괴로운 결과를 얻었을 때는 한밤 중에 차를 몰고 나와 숲으로 가라. 가서 운전석 시트를 뒤로 젖히고 선루프를 열어 밤하늘을 바라보라. 지구에서 얼마나 멀리 떨어져 있는지 계산조차 안서는 별들이 빛을 내고 있을 것이다.

그렇다. 우리는 모두 시간의 먼지 같은 파편 속에 매달려 있다. 우주의 점으로도 보이지 않는 인간이 괴로워봤자 얼마나 괴롭겠는가, 하는 생각이 들 것이다.

그냥 잠시 마음을 해킹당했을 뿐이다. '밤하늘'이라는 백신 정도면 충분히 회복되는 게 우리의 삶이다.

그래도 여전히 괴롭고 패배한 게 끔찍하게 여겨지면 당신이 가장 존경하고 좋아하고 닮고 싶어하는 A를 떠올려라. 그런 다음 질문을 던져라.

"A가 나라면 지금 어떻게 할까?"

답을 찾을 것이다.

에드 쿡 Ed Cooke

학습 사이트 멤라이즈Memrise CEO이며 메모리 그랜드 마스터Grandmaster of Memory 자격을 공식 인정받았다. 세계에서 가장 기억력이 뛰어난 사람이란 뜻이다.

54

"절대 변하지 않는 것을 찾아라."

시계를 파는 광고를 본 적 있는가?

광고 속 시계의 시침과 분침은 대부분 10시 10분에 맞춰져 있다. 직접 확인하지 않으면 믿기지 않는 사실이다. 하지만 그 사실을 알고 나면 시계회사들이 소비자를 속였다는 걸 알 수 있다. 10시 10분이 미소 짓는 얼굴을 연상시키기 때문이다.

그런데 재미있는 건 디지털 시계 광고다. 시침과 분침이 아니라 숫자로 새겨지는 디지털 시계도 대부분 시간이 10시 10분으로 맞춰져 있다.

왜 그럴까?

이는 매우 중요한 질문이다.

트렌드가 아무리 변해도 사람들은 10시 10분에 맞춰진 광고 속 시계를 떠올린다는 것이다. 즉 제아무리 자고 일어나면 달라지는 세상이라 할지라도, 당신의 물건과 서비스가 여전히 매력적이라면 변심하지 않고 그것을 사줄 타깃target이 남아 있다는 뜻이다. 불과 5년 전만 해도 지금의 세상이 오면 종이책은 모두 사라질 것이라고 장담하는 전문가들이 얼마나 많았는지 생각해보라. 종이책을 찾는 사람들은 줄었지만, 여전히 종이책을 찾는 사람들은 견고하게 존재한다.

빠르게 변하는 디지털 시대일수록, 자고 일어나도 변하지 않는 사람들을 잡아야 한다. 사람들의 오랜 습관과 취향은 쉽게 사라지지 않는다. 트렌드만 쫓다가는 아무것도 남지 않는 빈털터리가 된다.

사람들은 모든 것이 변할 때 변하지 않는 것을 좋아한다.

에릭 와인스타인 Eric Weinstein
하버드 대학교에서 수리물리학 박사학위를 받았고, 옥스퍼드 대학교 수학연구소에서 일했다. 현재 금융 컨설팅 기업인 틸 캐피털Thiel Capital 전무이사다.

55

"젠장, 젠장, 젠장!"

영화가 만들어지는 현장을 방문한 적 있는가? 방문한 적 있다면 아마도 혼비백산해서 뒷걸음질쳤을 것이다. 특히 시나리오를 다시 수정하는 회의를 즉석에서 할 때는 말이다.

대형 스크린에 기존 시나리오가 비춰지고, 어린 스텝 한 명이 수정자를 입력하는 키보드를 담당한다. 모두가 심각한 얼굴로 무지막지하게 아이디어를 내놓는다. 엄청난 속도로 타이핑이 이루어진다. 한 문장이 끝날 때마다 모두가 바라보고 있는 스크린에 '젠장', '빌어먹을!' '엿 먹어!' 등의 단어가 주석처럼 달린다. 누군가 '현장 상황에 맞게 시나리오를 고치는 데 시간이 오래 걸리지 않나요?'라고 물으면 우리는 이렇게 대답한다.

"젠장만 빼면 됩니다."

눈치 챘는가? 이런 욕설은 배설구의 역할을 한다. 잔뜩 긴장한 어깨를 풀어주고 창의력을 고양시킨다. '젠장할!'이라고 주석을 달지 않으면 스텝들은 웃지 못한다. 웃지 않으면 아이디어를 낼 수 없다.

뭔가를 고쳐야 할 때, 고쳐서 더 좋은 것을 만들어야 할 때 이 방법을 써보라. 분명 유쾌한 도움을 얻을 것이다.

단, 이걸 끊기는 정말 어렵다는 사실에 유의하라.

세스 로건 Seth Rogen

배우이자 작가, 제작자, 영화감독이다. 〈슈퍼배드〉〈나쁜 이웃들〉을 만들었으며 〈심슨네 가족들〉의 시나리오 작업에 참여했다.

56

"강건함을 선택하라."

몇 년 전 힘든 시간을 보내고 있을 때 《블랙 스완Black Swan》의 저자 나심 탈레브Nassim Taleb가 다음의 글을 보내주었다. 당시의 나에게 꼭 필요한 말이었는데, 이 책을 읽고 있는 당신에게도 간절한 조언일 것으로 확신해 소개한다.

"강건함은 당신을 싫어하는 다수보다 좋아하는 소수에 더 신경 쓰는 것이다. 나약함은 당신을 좋아하는 다수보다 싫어하는 소수에 더 신경 쓰는 것이다. 강건함을 선택하라."

팀 페리스

57

"공격 받는 것은 피할 수 있다."

나는 직업상 전 세계를 다니며 공연을 많이 한다. 그러면 심심찮게 공연을 방해하는 사람들을 갑작스럽게 만나게 된다. 막이 오르기 전부터 다짜고짜 고래고래 소리를 지르며 항의하는 사람들을 어떻게 다뤄야 공연에 차질이 생기지 않을지를 오랫동안 숙고하다 보니, 한 가지 깨달음에 이르렀다.

즉 '그 사람이 무슨 말을 하려고 하는지 먼저 알아야 한다'는 것이다. 그 또한 돈을 내고 공연을 보러 온 관객이다. 그런데 왜 그는 공연을 즐기지 않고 방해하는 쪽을 선택한 것일까?

물론 이야기를 듣고 나면 열 명 중 아홉은 말도 안 되는 이유를 늘어놓는다. 하지만 그래도 그가 무슨 말을 하려는지 반드시 들어주어야 한다. 이야기를 들어주는 것만으로도 그들은 공격적인 성향을 확연하게 누그러뜨리니까 말이다.

바로 이것이 내가 이 책을 읽는 젊은 독자들에게 주고픈 조언이다.

살다 보면 불쑥불쑥 말도 안 되는 공격을 받는다. 그때마다 맞불을 놓으면 당신은 치명적인 손해를 입고 만다.

어떤 경우든 침착하라. 침착하게 그를 붙들어놓고 천천히 그의 말을 경청해주어라. 황당한 이유일지라도 그 이유를 털어놓는 당사자는 목숨이 걸린 문제일 수도 있다.

공격적인 사람을 진정시키거나 물리치는 가장 좋은 방법은 짧은 질문으로 계속 말을 하게 유도하는 것이다.

'왜 그런 말씀을 하시는지 궁금합니다.'

'왜 이렇게밖에 하실 수 없는지 알고 싶군요.'

'화가 난 이유를 어디 한 번 툭 터놓고 말씀해주시겠어요?'

만일 온라인에서 공격을 받는다면 유명한 사람들의 말을 인용해 잠재울 수도 있다. 예를 들어 소셜 미디어에서 터무니없이 화를 내는 사람에게는 "쉽게 불쾌해하는 사람은 불쾌한 일을 더 많이 당해봐야 한다"는 메이 웨스트Mae West의 명언을 들려주면 효과적이다.

공격은 피할 수 없다. 필연적으로 일어난다.

공격은 피할 수 없지만, 공격 받는 것은 피할 수 있다.

마거릿 조 Margaret Cho

그녀는 재주꾼이다. 세계적으로 호평 받는 코미디언이자 배우, 작가, 패션 디자이너, 싱어송라이터다. 〈섹스 앤 더 시티〉 〈30 록〉 등 다수의 영화와 TV 프로그램에 출연했다. 그녀의 오프 브로드웨이 쇼 〈I'm the One that I Want〉는 1999년에 전미 투어를 실시했고 동명의 책으로 나와 베스트셀러에 올랐고 영화로도 만들어졌다.

58

"유쾌하게 존중하라."

요리사인 내가 삶의 모토로 삼고 있는 말이 있다.

'손님을 갖고 농담하지 마라.'

내가 만든 요리가 점점 사랑을 받으면서 방송에 출연하는 일이 잦아졌을 때의 일이다. 한 번은 일본 도쿄에 있는 식당을 찾았다. 식당을 찾은 손님들에게 나는 건강에 좋은 음료를 직접 만들었다고 소개하면서 그것을 권하는 역할을 맡았다. 나를 알아본 손님들은 흔쾌히 음료를 받아 마셨다. 그들이 마신 건 건강에 좋을지는 모르지만 내가 만든 게 아니라, 그냥 뱀즙이었다. 뒤늦게 이 사실을 안 손님들이 얼굴이 완전히 뭉개지는 걸 방송에 내보내 웃음을 유발한다는 게 이 프로그램의 책임 프로듀서 생각이었다.

작전은 보기 좋게 성공했다. 시청자들은 깔깔 웃었고 손님들은 구토라도 할 것 같은 표정이었다.

그 순간 나는 결심했다. 다시는 이런 짓을 하지 않겠다고. 타인을 조롱하고 놀림감으로 만들어 이익을 취하는 쓰레기 짓은 하지 않겠다고.

타인을 깎아내림으로써 내가 원하는 것을 얻는 방법은 쉽고 유혹적이다. 하지만 진심으로 조언하건대 이 유혹에 빠지면 당신은 결코 원하는 것을 얻지 못한다.

그후 나는 방송에 나가면 늘 진정성을 보여주기 위해 애썼다. 그리고 진실하고 따뜻한 이야기로도 얼마든지 사람들의 웃음을 끌어낼 수 있다는 사실도 알게 되었다.

타인의 실수를 지적하지 마라.

타인의 행동을 비웃지 마라.

타인의 얼굴을 붉히게 하지 마라.

타인을 유쾌하게 존중할 수 있는 방법을 찾아라.

앤드류 짐먼 Andrew Zimmern

제임스 비어드상James Beard Award을 3회 수상한 셰프이자 방송인이자 작가, 강사다. 150개 나라를 탐방하면서 음식과 관련된 수준 높은 콘텐츠를 만들고 있다.

59

"독특한 서른이 되어라."

서른 살의 나는 뉴욕의 배고픈 연극배우였다. 일이 없어서 전전긍긍했고 연극으로 고작 1년에 1만 7,000달러밖에 벌지 못했다. 아르바이트를 엄청 많이 했다. 가지고 있는 '밴'으로 이삿짐을 날라주는 일도 했다.

만일 지금의 내가 당시의 나에게 조언을 해줄 수 있다면 '네 능력을 믿어라'라고 말해주고 싶다. 서른 즈음에는 자신이 가진 능력이 생각보다 훨씬 크다는 것을 의도적으로 믿어야 한다. 고작해야 '드라마에서 카메오 출연을 제안 받으면 이 망할 놈의 이삿짐센터는 때려치울 거야!' 정도의 꿈을 갖기 쉬운 나이가 바로 서른이기 때문이다. 아무리 상상력을 넓혀도 꿈의 반경은 거기까지일 수밖에 없다. 먹고사는 일이 너무나 힘들기 때문이다.

따라서 나는 젊은 후배들에게 말한다.

"좀 더 자신을 믿어라. 더 많은 능력이 있으니, 꿈을 최대한 크게 가져라. 인생에서 가장 큰 꿈을 꿀 수 있는 때는 서른 살 시절밖에 없다!"

마침내 서른이 약간 넘은 나이에 나는 브로드웨이 연극에 캐스팅되었다. 꿈에도 그리던 첫 번째 브로드웨이 작품이었는데 연기가 잘 되지 않았다. 또다시 무엇인가에 갇혀버렸다. 머리로만 생각하려고 해서 연기가 꽉 막히고 답답했다. 아무리 노력해도 내 연기는 형편없었다.

가까스로 공연이 끝난 후, 나는 큰 깨달음을 얻었다.

'좋아, 앞으로 이렇게는 다시 하지 말자. 꿈에 그리던 무대에 섰는데 이게 뭐야! 난 지금 너무 불행하지 않은가!'

불행의 원인은 명확했다.

무대 위에서 다른 사람이 되려고 했기 때문이었다. 좋은 배우가 되려면 다른 사람이 아니라 '나'를 보여줄 수 있어야 한다는 사실을 깨달았고, 이는 내 삶을 송두리째 바꿔놓았다.

좋은 배우가 되려면 타인을 완벽하게 연기하기보다는 세상에 둘도 없는 독특한 '나'를 연기해야 한다. 이는 비단 배우에게만 해당하는 이야기가 아닐 것이다. 둘도 없는 캐릭터로 존재하지 않는 한 우리는 원하는 삶 근처에도 가지 못한다.

당신이 서른 살이라면, 그냥 서른 살이면 안 된다.

세상에 둘도 없는, 최고로 독특한 서른 살이 되어야 한다.

레인 윌슨 Rainn Wilson

에미상을 수상한 NBC 드라마 〈더 오피스〉의 드와이트 슈르트Dwight Schrute 역으로 잘 알려진 배우다. 그는 인생의 중요한 질문을 탐구하는 미디어 기업 소울팬케이크SoulPancake의 공동 창업자이기도 하다. 예술을 통해 아이티 오지에 사는 젊은 여성들의 자립을 돕는 교육재단 리데 아이티Lide Haiti를 만들었고 저서로 《바순 킹The Bassoon King》이 있다.

66

모든 사안에 있어서, 가끔은 자기가 오랫동안 당연하게 받아들였던 일들에
물음표를 달아볼 필요가 있다.

99

_버트런드 러셀Bertrand Russell

66

뭘 하지 말아야 하는가도 엄청나게 중요하다.

99

_이기 팝 Iggy Pop

60

"서른에 알았더라면 좋았을 것들."

스타트업 투자자이자 비즈니스맨인 나는 실로 많은 성공한 사람들을 만난다. 그들에게 '서른 살에 알았더라면 좋았을 깨달음이 있다면?'이라는 질문을 던졌고 다음과 같은 울림 깊은 조언들을 얻었다.

부디 당신에게도 도움이 되길 바란다.

→ 무엇보다 현재에 머물러라.

→ 욕망은 괴로움이다.

→ 분노를 품고 있다는 것은 뜨거운 석탄을 움켜쥐고 다른 사람에게 던지려는 것과 같다.

→ 평생 같이 일할 수 없는 사람과는 단 하루도 함께 일하지 마라.

→ 독서는 모든 길의 입구다.

→ 하나를 잃어야 하나를 얻는다.

→ 지금 하고 있는 일에 마음을 쏟아라.

→ 노력의 99퍼센트는 낭비다. 노력해서 될 일이 아니다. 누구도 오랫동안 끈질기게 노력하기란 불가능하다. 물론 그것이 가능한 사람도 있다. 그런 사람은 노력이 곧 자신의 큰 재능인 사람이다. 노력하지 않아도 될 수 있는 방안을 짜는 게, 노력에 코를 박고 있는 것보다 훨씬 나은 전략이다.

→ 솔직하고 긍정적인 모습은 언제나 가능하다.

→ 구체적으로 칭찬하고 대략적으로 비판하라.

→ 진실에는 예측의 힘이 있다.

→ 모든 생각을 감시하라. ('이런 생각을 하는 이유가 무엇인가?'를 항상 질문하라.)

→ 모든 위대함은 괴로움에서 나온다.

→ 사랑은 받는 것이 아니라 주어지는 것이다.

→ 깨달음은 당신이 하는 생각들 사이의 공간이다(에크하르트 톨레).

→ 수학은 자연의 언어다.

→ 모든 순간은 그 자체로 완전해야 한다.

나발 라비칸트 Naval Ravikant

스타트업 기업과 투자자, 구직자들을 위한 플랫폼 앤젤리스트AngelList의 공동 창업자이자 CEO다. 앤젤 투자자로서 그동안 100개 이상의 기업에 투자했으며 그중 다수가 엄청난 성공을 거두었다.

61

"열정은 위대한 목표다."

청년 시절에는 모든 일에 열정을 가진 사람이 되라는 조언을 많이 받는다. 내 생각에는 이는 매우 잘못됐다. 열정은 처음부터 가질 수 있는 게 아니다. '열정을 갖는다'는 것은 삶의 중요한 목표 중 하나다. 열정이 목표의 수단이 된다? 말도 되지 않는다.

서른 살 무렵 나는 식품 분야에 강한 호기심을 갖고 뛰어들었다. 하지만 식품과 영양이라는 주제가 내 평생의 과업으로 자리 잡게 된 배경에는 나 자신의 건강과 사업의 지속가능성, 정치, 정책, 세상 모든 사람들이 음식을 통해 건강하고 생산적이고 멋진 삶을 살도록 도와주겠다는 목표가 서로 조화롭게 합쳐졌기 때문이다. 그리고 나자 비로소 내게 뜨거운 '열정'이 생겨난 것이다.

이처럼 열정을 소유하는 데에는 많은 노력과 경험이 뒷받침되어야 한다. 열정은 관심사를 찾은 후 개방적이고 호기심 많은 태도로 모든 것을 쏟아부을 때 아주 어렴풋이 윤곽을 드러낸다.

샘 카스 Sam Kass

프로 야구선수가 될 뻔했다. 시카고 대학교에서 역사를 전공했지만 오바마 대통령 부부의 개인 요리사로 방향을 완전히 틀었다. 그후 백악관의 영양정책 담당 선임 보좌관이 되었고 2030년까지 아동 비만율을 5퍼센트로 줄이는 프로젝트를 시행해 〈패스트 컴퍼니〉가 선정한 2011년 가장 창의적인 100인 중 11위에 이름을 올렸다. 현재는 더 좋은 세상을 만들고자 하는 기업과 단체, 정부에 인재와 도구를 연결해주는 트로브Trove의 창립 임원으로 활약하고 있다.

62

"전달력을 길러라."

나는 지금도 내가 20대 시절, 내성적으로 행동하지 않았더라면 더 지혜로운 삶을 살았을 것이라고 강력하게 생각한다. 멀리 갈 것도 없다. 지난 두 달 동안에도 나는 '좀 더 적극적으로 행동했어야 해. 애매하게 암시하지 말고 확실하게 요청했어야지…'라고 후회한 일이 여러 번 있었다.

자신의 뜻을 잘 드러내지 않거나, 드러낸다 할지라도 미묘하게 암시하는 태도는 언뜻 품격이 있어 보일 수도 있다. 하지만 이런 태도로는 좋은 결과를 얻지 못한다. 너무 암시가 미묘하면 다른 사람들이 알아차리지 못한다.

타인의 목소리가 내 목소리보다 더 커야 한다는 생각을 버려

라. 그것은 겸손도 아니고 미덕도 아니다.

정확하고 분명하게 당신의 뜻을 전달하라.

전달력이 좋지 않으면 당신의 빛나는 아이디어와 능력은 발휘될 기회를 갖지 못한다.

리처드 베츠 Richard Betts

2000년부터 2008년까지 아스펜Aspen에 위치한 고급 호텔 리틀 넬The Little Nell의 와인 디렉터로 일했다. 마스터 소믈리에 협회Court of Master Sommeliers가 주관하는 마스터 시험Masters Exam을 첫 번째 도전으로 통과한 역대 아홉번째 인물이라는 기록을 보유하고 있다. 현재 마스터 소믈리에는 전 세계에 약 240명뿐이다.

63

"조명 효과는 없다."

'무서워할 것 없다.'

이것이 내가 젊은 독자들에게 가장 해주고 싶은 말이다. 무서워서, 위축된다는 이유로 하지 않기로 한 일들, 한 번도 시도하지 않은 일들, 만나거나 어울리지 않은 사람들이 우리에겐 너무나 많지 않은가?

심리학에 '조명 효과spotlight effect'라는 것이 있다. 사람들이 내가 하는 일에 관심을 보인다고 착각하는 현상이다.

장담하건대 아무도 당신을 궁금해 하지 않는다. 당신이 무엇을 하는지 따위에는 조금도 관심이 없다. 자기 일에 관심 갖기도 바쁜 세상 아닌가?

그러니 무서워할 것 없다.

무엇이든 해보라.

스티븐 더브너 Stephen J. Dubner

작가이자 저널리스트, 방송인이다. 경제학자 스티븐 레빗Steven D. Levitt과 공동 집필한 《괴짜경제학》으로 세계적인 명성을 얻었다. 이 책은 35개 언어로 번역되어 500만 부 이상 팔렸다. 인기 팟캐스트 〈괴짜경제학 라디오Freakonomics Radio〉를 진행하고 있다.

64

"모든 날이 아름답다."

20~30대 시절에 가장 흔한 실수는 어떻게든 핑계를 찾아낸다는 것이다.

밖에 나가야 하는데, 날씨가 나쁘면 나가지 않는다. 비가 오지 않는 맑은 날씨에만 밖에 나가면 외부적인 조건에 매우 의존적인 삶을 살게 된다.

태풍이 불든 눈이 오든 비가 내리든, 하루도 빠짐없이 밖에 나가야 한다. 그래야 맑은 날만 아름다운 게 아니라 모든 날이 아름답다는 것을 알게 된다. 아름다움에는 여러 가지 표정이 있다는 것을 발견하게 된다.

삶에는 맑은 날이 별로 없다.

그럼에도 우리는 놀랍도록 이 사실을 잊고 산다.

맑은 날에만 행복할 수 있다는, 말도 안 되는 논리로 꽁꽁 무장한 채 살아가고 있다!

조시 웨이츠킨 Josh Waitzkin

체스 천재이자 주짓수 검은 띠를 보유하고 있다. 세계 최고의 운동선수들과 투자자들의 멘탈 코치로 활약하고 있다.

65

"동행을 만들어라."

30대는 완벽하다고 증명도 해야 하고, 완벽한 척도 해야 하는 무척 힘든 시기다. 인정받을수록 더 힘든 프로젝트가 주어지고, 끊임없이 에너지를 고갈시켜가며 험한 산을 오른다.

이런 30대에게 필요한 건 '나 정말 두렵고 힘들어. 끔찍하다고!'라고 털어놓을 수 있는 사람이다. 자신의 솔직한 모습을 완전히 드러내도 되는 사람이 필요하다.

내 연구에 따르면, 남보다 빠른 속도로 승진하고 커리어를 쌓는 사람들에겐 좋은 동행이 있었다. 꼭 사람일 필요도 없다. 어떤 사람들은 반려동물에게서 말할 수 없는 위안과 커다란 재충전 에너지를 얻기도 했다.

또한 '아직 젊으니까 두려워하지 마라', '겁낼 필요 없다'는 말을 수도 없이 들었을 것이다.

긴장을 완전히 풀어놓을 수 있는 대상을 가질 수 있다면, 그때 비로소 당신은 아무것도 두려워할 필요가 진짜 없어진다.

가장 완벽한 동행은, 당신보다 당신을 더 잘 아는 사람이다.

브레네 브라운 Brene Brown

휴스턴 대학교 사회복지학 교수다. 지난 13년 동안 인간의 취약성과 용기, 가치, 수치심에 대해 연구했다. 베스트셀러 《마음가면》《불완전함의 선물》《라이징 스트롱》을 통해 세계적인 작가로 명성을 얻었다.

66

"잠깐 멈춰라."

나는 영화 〈레이Ray〉에서 레이 찰스 역을 맡아 아카데미 남우주연상을 받았다. 그 사실보다 더 영광이었던 것은 촬영이 시작되기 전에 진짜 레이 찰스Ray Charles와 함께 피아노를 연주할 수 있었다는 것이다. 와우!

그런데 문제는 내가 복잡한 곡으로 옮겨갈 때마다 건반을 잘못 쳤다는 것이다. 레이는 청각이 극도로 민감했다. 그는 내가 틀리면 이렇게 말했다.

"왜 그렇게 연주하지? 음이 틀렸잖아."

"흑, 죄송합니다, 찰스 씨…"

그는 미소를 지으며, 하지만 진지한 어조로 이렇게 말했다.

"내가 뭐 하나 알려주지. 음은 자네 손가락 바로 아래에 있다네. 잠깐 멈추고 올바른 음을 연주하면 되는 거야. 잠깐 멈출 틈도 없이 연주하면 틀리지 않을 사람은 한 명도 없다네. 그게 인생이야."

잠깐 멈춰, 실수를 바로잡고 더 좋은 아이디어를 내라. 이게 내가 해줄 수 있는 조언의 전부다.

인생 전체에 대해 생각해보면 누구나 눈 깜짝할 사이에 죽고 없을 것이다. 100년은 아무것도 아닌 시간이다.

나는 늘 심각한 얼굴을 하고 살아가는 여동생에게 레이의 조언을 들려준다.

"인생을 즐기면서 살아. 즐길 수도 없다면 인생을 살아야 할 이유가 하나도 없어. 잠깐 멈추고 웃어. 잠깐 멈추는 것, 그 짧은 시간이 우리의 인생이야."

제이미 폭스 Jamie Foxx
오스카상을 받은 배우이자 그래미상을 수상한 가수이며 세계적으로 유명한 스탠드업 코미디언이다.

67

"치기인가? 아니면 목표인가?"

영화를 정말 하고 싶었지만 어떤 기회도 얻지 못했던 서른 살, 나는 우연히 뉴욕의 한 포커 클럽에 갔다. 될 대로 되라는 심정으로 도박이라도 하고 싶었던 게다.

그런데 그곳을 채운 사람들이 말하는 모습과 행동을 보면서 '영화를 만들면 좋겠다'는 생각이 들었다.

아내 에이미와 가장 친한 친구 데이브와 상의해 포커 클럽에서 떠올린 시나리오를 쓰기로 했다. 에이미가 아파트 지하 창고를 치워 작업 공간을 마련해주었다.

당시 데이브와 나는 영화계에 연줄이 하나도 없었다. 그럼에도 매일 아침 서로 만나 두 시간씩 작업을 했다. 일요일은 쉬었지만 다른 요일은 단 하루도 빠뜨리지 않고 두 시간씩 작업했다. 그런 다음 데이브는 바텐더 일을 하러 가고, 나는 내 일을 하러 갔다(당시 나는 야간 과정으로 로스쿨을 졸업하고 레코드 업계에서 일하고 있었다).

작업을 하는 창고에는 거대한 청소용 싱크대가 있어서 의자를 놓을 공간은 하나뿐이었다. 나는 바닥에 앉고 데이브는 주로 타자기 앞에 앉았다. 포커와 관련된 용어를 찾아볼 수 있는 책을 잔뜩 쌓아두었다. 그 공간에서 시나리오를 썼고 밤에는 포커 클럽을 찾아 자료를 수집했다. 사람들이 사용하는 표현, 그들이 들려주는 일화, 캐릭터 특징 등등. 캐릭터가 현실적인지는 따지지 않았다. 아무것도 계산에 넣지 않고 그저 어떻게 하면 우리가 〈젊은이의 양지A Place in The Sun〉 같은 영화를 만들 수 있을까에 전념했다. 20대들이 술자리에서 두고두고 이야기할 수 있는 그런 영화를 만들고 싶었다. 그들만의 비밀 코드 같은 영화를 정말이지 간절하게 만들고 싶었다. 그리고 마침내 시나리오가 완성되었다. 최고의 배우 맷 데이먼Matt Damon과 에드워드 노튼이 열연한 〈라운더스Rounders〉의 대본이 탄생한 것이다.

내가 이 이야기를 들려주는 이유는 하나다.

정말 중요한 일이면 꾸준히 시간을 내서 반드시 하라는 것이다. 할레드 호세이니Khaled Hosseini는 풀타임 의사로 일하면서 이른 아침마다 밀리언셀러 《연을 쫓는 아이The Kite Runner》를 썼다.

정말로 중요한 일이면 일정을 세우고 이렇게 질문하라.

'지금 내가 도전하는 이 일은 한낱 젊은 시절의 객기인가? 아니면 진짜 내가 이루고 싶은 목표인가?'

그 답이 후자라면 반드시 시간을 내서 하라.

시간을 낼 수 없는 일은, 시간이 흐르면 물거품처럼 사라지고 말 '치기'일 뿐이다.

브라이언 코플먼 Brian Koppelman

시나리오 작가이자 소설가, 영화감독, 제작자다. 최근에 제작과 공동 각본을 맡은 인기 드라마 〈빌리언스〉를 내놓았다. 영화 〈라운더스〉와 〈오션스 13〉의 공동 각본을 맡았고 연출을 맡은 영화로는 마이클 더글라스Michael Douglas 주연의 〈솔리터리 맨〉 등이 있다.

66

사람들이 당신에 대해 뭐라고 쓰든지 상관하지 마라.
얼마나 길게 썼는지만 봐라.

99

_앤디 워홀Andy Warhol

66

지식은 실천의 시작이다. 행동은 지식의 완성이다.

99

_왕양명王陽明

68

"논문을 읽어라."

30대에 내가 가장 잘한 투자는 작은 식당을 운영하면서 UC 버클리 대학원의 저널리즘 강좌를 청강한 것이다. 나는 실력 있는 요리사가 되고 싶었고, 이를 위해선 내 요리와 요리 철학에 관한 글을 미디어에 기고해야 할 것이라는 생각에서였다. 좋은 칼럼니스트가 되려면 저널리즘은 필수라고 생각했다.

누가 봐도 미친 짓이었다. 일주일에 한 번, 3시간씩 식당을 떠나 강의실에 앉아 있거나 15시간이나 일한 후 집에 돌아가 지도 교수가 목록으로 만들어준 책과 논문을 읽는다는 것은.

하지만 내 안의 작은 목소리는 어떻게든 그 일을 해낼 방법을 찾아야 한다고 말했고, 결국 끝까지 해냈다.

그때 청강한 강좌가 내 인생을 바꿔놓았다. 강의실에서 나는 작가와 저널리스트, 다큐멘터리 작가 등이 모인 놀라운 커뮤니티를 소개받았고, 그들은 내가 이 정신 나간 과정을 거치는 동안 많은 영감을 주고 지지해주었다. 나를 고용해 요리법을 가르치게 한 사람들도 있었다. 요리에 관한 내 철학과 신념에 관심을 가져준 사람들이 세상에 나가 그걸 더 많은 사람들에게 가르치고 책으로 펴낼 것을 권유했다.

그렇게 해서 펴낸 책이 《소금, 지방, 산, 열기Salt, Fat, Acid, Heat》다. 이 책은 〈뉴욕 타임스〉 베스트셀러 목록에 올랐고 다큐멘터리 시리즈로 제작될 예정이다.

정말 대단하지 않은가!

당신이 정말 잘하는 일이 있다면, 그 일을 확장할 수 있는 연결고리를 만들어라. 그 연결고리를 만드는 데 필요한 지식이 무엇인지 생각하고, 그에 관한 책과 논문을 읽어라.

당신에게도 놀라운 일이 벌어질 것이다.

사민 노스라트 Samin Nosrat
작가이자 교사이자 요리사다. 〈뉴욕 타임스 매거진〉에서 활약하는 5명의 푸드 칼럼니스트 중 한 명이다.

69

"실패를 시작하라."

나는 75살이다. 내가 30대로 돌아간다면 카우보이가 되거나 트럭을 몰거나 해병대에 들어갈 것이다. 엄청나게 시대에 뒤떨어진 생각일지는 모르지만, 이 3가지 일이야말로 실제 세상을 경험해볼 수 있는 가장 좋은 직업이니까.

당신이 지금 20대라면 세상의 모든 시간이 당신의 손에 쥐어져 있다. 믿기 어렵겠지만 당신 앞에는 10번의 생애가 펼쳐질 것이다. 친구들이 당신을 '이기거나' 당신보다 앞서 '어딘가에 도달할' 것이라고 걱정하지 말자. 먼지가 풀풀 날리는 진짜 세상으로 뛰어들어 실패를 겪기 시작하자.

내가 왜 이런 말을 하는 걸까?

당신의 목표는 늘 당신의 자아와 영혼과 연결되어 있기 때문이다.

역경. 다들 역경을 피하려고 애쓰면서 평생을 보낸다. 나도 그랬다. 하지만 나한테 일어난 최고의 일은 갑자기 혼란스러운 상태에 빠져 그 무엇도, 그 누구도 나를 도와주지 못한 상황에서 생겼다. 여기엔 조금의 과장도 없다.

스스로에게 이렇게 외쳐라.

너는 정말 누구냐?

네가 진짜 원하는 게 뭐냐?

밖으로 나가 실패를 겪으면서 직접 알아보기 바란다.

스티븐 프레스필드 Steven Pressfield
글쓰기에 관한 한 세상에서 가장 인기 있는 블로그를 운용하고 있다. 광고, 시나리오, 소설, 내러티브 논픽션 분야의 위대한 문장가로 평가받는다. 《불의 문Gates of Fire》《예술 전쟁The War of Art》을 비롯한 많은 베스트셀러를 펴냈다.

70

"나 자신을 속이지 마라."

나는 학생들을 가르치는 일을 하고 있다. 따라서 20대 대학생들에게 어떤 조언을 해줘야 하는지에 대해 늘 생각이 많다.

학생들이 가장 많이 청하는 상담 주제는 단연 '구직求職'이다. 그런데 자신이 어떤 직업을 선택할 것인지에 대해서는 정말 많은 고민을 하면서도, 정작 그 직업을 갖기 위해 하는 '구직 활동'에 대해서는 가볍게 여기는 경향이 많다.

따라서 이 지면을 빌려 젊은 학생들에게 다음의 조언을 하고자 한다.

인생에서 의미 있는 다른 모든 일처럼 구직 활동에 능숙해지려면 훈련이 필요하다. 가만히 손 놓고 있는데 갑자기 좋은 일자리가 하늘에서 뚝 떨어지지는 않는다. 본인만큼 그 일자리를 간절하게 원하는 경쟁력 있는 후보들과 치열하게 겨뤄야만 좋은 일자리를 얻을 수 있다.

좋은 일자리를 찾아내 쟁취하는 건 올림픽 출전을 위해 훈련할 때만큼이나 집중적인 활동성과 인내력을 요구하는 경쟁 스포츠다. 이 경쟁에서 이기려면 최대한 뛰어난 구직 컨디션을 유지해야 한다.

이 과정에 운은 거의 개입하지 않는다. 좋은 일자리를 얻는 건 근면한 노력, 체력, 투지, 독창성, 타이밍의 문제다. 운 좋게 풀리는 것처럼 보이는 일도 사실 근면한 노력의 대가다.

나는 '실제' 세상으로 향하는 길을 걷기 시작하는 학생들에게 다음의 질문을 스스로에게 던져볼 것을 권한다.

첫째, 나는 선망하는 일자리를 얻기 위한 노력에 충분한 시간을 들이고 있는가? 실제로 나는 미래의 직업에 대해 늘 고민하고 불안해하면서도 그 직업을 얻기 위해 구체적으로 무엇을 해야 할지는 잘 모르는 학생들을 많이 목격해왔다.

둘째, 좋아하는 일의 채용에 적극 응하고 있는가? 당락에 상관없이, 지원하는 회사의 입사 테스트에서 항상 최상의 컨디션을 유지하고 있는가?

이 또한 진지하게 생각해볼 질문이다. 나는 지금껏 '정말 최고의 컨디션이었는데 아깝게 떨어졌어요'라는 말을 하는 학생들을 보지 못했다. 당연하다. 최상의 컨디션을 유지한 학생들은 모두 합격했으니까. 내가 가장 많이 접한 것은 인생의 첫 관문을 통과하는 그 중요한 날, 뭔가가 저조하거나 좋지 않았다는 황당한 얘기들뿐이었다.

셋째, 경쟁자들보다 열심히 노력하고 있다고 생각하는가?

이 질문에 '아니다'라거나 '잘 모르겠다'는 답을 얻으면, 당장 진로를 바꿔야 한다. 경쟁자들보다 몇 배로 노력하지 않으면 절대 당신은 당신의 목표를 이루지 못한다.

넷째, 경쟁자들은 다 하고 있는데, 나는 지금 하고 있지 않은 것은 무엇인가?

이 질문은 매우 중요하다. 의외로 많은 학생들이 자신의 경쟁자보다 비효율적인 노력을 기울이고 있다. 상대를 알아야 한다. 상대를 면밀히 살펴 상대의 장점을 내 것으로 만들어야 한다.

다섯째, 최상의 구직 컨디션을 유지하기 위해 날마다 할 수 있는 일을 다 했는가?

이 질문에 항상 '그렇다'는 답을 얻어라. 그것만이 젊은 시절,

미래에 대한 불안과 두려움에서 벗어나 자신감과 용기를 얻는 유일한 방법이다.

마지막으로 한 마디만 더 해보자.

세상은 내가 얼마나 치열하게 노력하고 열정적으로 살아가고 있는지 눈곱만큼도 관심 없다. 그러니 알아주지 않는다고 근심할 일이 아니다.

오직 나 자신만이 내가 얼마나 노력하고 열심히 하는지 지켜볼 뿐이다.

그런 나 자신을 실망시키거나 속이지 마라.

데비 밀먼 Debbie Millman

뉴욕 아트 스쿨 교수. 〈그래픽 디자인 USA〉는 데비 밀먼을 가리켜 "오늘날 현역으로 일하는 가장 영향력 있는 디자이너 중 한 명"이라고 했다. 그녀의 작품은 전 세계에 전시된다. 포장지부터 비치 타월, 크리스마스 카드, 공책, 티셔츠, 〈스타워즈〉 관련 굿즈 등등 다양한 상품을 디자인했다.

71

"지적 호기심을 따르라."

'이 일을 하기에 당신은 아직 너무 젊어요.'

이런 어이없는 말을 많이 들었을 것이다. 하지만 역사는 대부분 젊은 사람들이 만들어왔다. 다만 나이가 좀 더 든 뒤에 그 공로를 인정받은 것뿐이다. 뭔가를 제대로 배울 수 있는 유일한 방법은 그 일을 직접 해보는 것이다. 물론 안내에 귀를 기울여야 한다. 하지만 마냥 기다리지는 말자.

젊은 시절엔 자신의 지적 호기심을 따르자. 당신의 호기심이 결국 세상이 가고자 하는 곳으로 당신을 이끈다면 아주 후한 보상을 받게 될 것이다. 하고자 하는 일을 모두 하라. 단, 고뇌와 고통과 감정 소모가 적은 방법을 선택해야 한다. 어떤 일이든 시간이 걸린다.

20~30대에 무시해야 할 것들은 다음과 같다.

뉴스.

투덜대는 사람들.

화난 사람들.

남들과 충돌이 잦은 사람들.

명확하게 존재하지 않는 위험을 이용해 당신을 겁주려고 하는 사람들.

그리고 도덕적으로 그릇된 일이라는 걸 알면서 그 일을 해서는 안 된다. 당신 자신이 지켜보고 있기 때문이다. 양심에 위반되는 일이 계속 쌓이면 결국 자기혐오에 빠지게 되는데, 자신을 향한 모멸감처럼 치명적인 독은 없다. 항상 자신에 대한 자부심을 가질 수 있도록 노력하라.

또한 불공평한 상황을 무시하라. 세상에 공평한 것은 없다. 자신의 능력을 최대한 발휘해 주어진 상황에 대처하는 것이 유일한 지혜. 앞길이 창창하게 남은 당신에게 좋은 소식이 있다면, 인생은 매우 일관적이라는 것이다. 즉 결국 당신은 마땅히 받을 자격이 있는 보상을 받게 될 것이다. 그리고 마지막에 가면 모든 사람이 죽음이라는 똑같은 심판을 받게 된다.

일관된 삶을 살고, 그에 대한 마땅한 보상을 받고, 똑같이 죽음을 맞이하는 것이 인간의 소명임을 서른 살에 알게 되는 것만큼 큰 행운도 없음을 기억하라.

나발 라비칸트

72

"구경꾼은 살아남지 못한다."

틈이 날 때마다 다음 한 가지만 점검하면 당신은 성공적인 젊은 시절을 보낼 수 있을 것이다.

세상이 존재하는 방식을 불평하는 데 너무 많은 시간을 쏟느라 자신이 무엇이든 바꿀 수 있는 힘을 갖고 있다는 사실을 잊어버리고 있는 건 아닌가?

쉽게 말해, 세상에서 당신이 보고 싶은 변화가 있다면 직접 이루라는 것이다. 세상 모든 혁명과 혁신은 구경꾼이 아니라 참여자가 만들어냈다.

당신이 직접 바꾸지 않으면, 누군가 당신을 바꿔버린다.

이런 현상을 두고 세상은 '참담한 실패'라고 부른다.

구경꾼으로 평생을 살 수 있다면 그렇게 해도 좋다.

다만, 당신을 바꿔버린 사람에게 계속 당신의 눈과 입과 심장을 내어줘야 할 것이다.

보조마 세인트 존 Bozoma Saint John

우버Uber의 최고브랜드책임자.

73

"할 일의 순서를 구별하라."

나는 젊은 학생들에게 늘 이렇게 말한다.

"확신에 찬 사람을 경계하라."

어떤 사람이나 아이디어가 정말 잘못됐다, 정말 형편없다는 말을 들으면 즉시 머릿속 전구가 꺼져야 한다. 가증스럽다거나 한심해서 견딜 수 없다거나 너무 공격적이라는 말을 들을 때도 마찬가지다. 그게 정말 잘못되고 형편없는지에 대해서 스스로 알아보고자 하는 호기심이 자극되어야 하는 순간이다. 뭔가를 배울 때는 비판적인 사고방식을 갖는 것이 가장 중요하다.

또한 나를 찾아오는 학생들은 대부분 세상을 바꾸려는 멋진 의도로 가득 차 있다. 가난하고 소외된 사람들을 돕기 위해 기꺼이 자신의 시간을 할애할 계획도 갖고 있다.

이런 학생들에게 나는 권유한다. 먼저 졸업부터 하고 돈을 많이 벌라고. 그런 다음에야 비로소 어려운 사람들을 도울 가장 좋은 방법을 찾을 수 있다고.

젊은 학생들은 자신이 노력했다는 것 자체에서 만족감을 얻을 수 있을지 모른다. 하지만 학생 신분으로는 지금 당장 빈곤한 사람들을 효과적으로 도울 수 없다. 또한 너무 봉사활동을 많이 하느라 40대에 이르도록 생계유지에 곤란을 겪는 사람들의 모습도 많이 봐왔다.

그래서 나는 젊은 학생들에게 귀중하게 시간을 쓰는 방법을 신중하게 선택하고, 타인을 돕기에 가장 적합한 때가 자기 삶에서 언제인지 숙고할 것을 당부한다.

그렇다. 우리는 늘 먼저 할 일과 나중에 할 일을 지혜롭게 구별해야 한다. 다른 사람을 잘 도우려면 자기 자신부터 잘 돌봐야 한다. 이상주의에 물든 학생들은 이 사실을 자주 잊어버린다. 하지만 이것이야말로 봉사와 헌신의 진정한 본질이다.

아얀 히르시 알리 Ayaan Hirsi Ali

인권 운동가이고 언론 자유의 옹호자이며 베스트셀러 작가다. 어릴 때 소말리아에서 여성 성기 절제FGM를 당했다. 아버지가 먼 친척과 결혼하라고 강요하자 네덜란드로 달아나 정치적 망명을 요청했고, 잡역부로 일하기 시작해 훗날 네덜란드 의회의 의원으로 당선되었다. 의원으로 활동하면서 네덜란드로 이주한 동료 이민자들이 계속 유지하고 있는 관습인 명예 살인과 FGM 등 여성들에게 가해지는 폭력에 대한 인식을 제고하기 위한 운동을 벌였다. 2004년 그녀가 각본을 쓴 이슬람 치하에서 억압받는 여성들을 다룬 〈복종Submission〉이라는 단편 영화를 감독한 테오 반 고흐Theo van Gogh가 살해된 후 국제적인 주목을 받았다. 암살범은 반 고흐의 가슴팍에 그녀를 죽이겠다는 협박 쪽지를 남겼다. 이 비극적인 사건은 그녀가 쓴 베스트셀러 《이단자 아얀 히르시 알리Infidel》에도 기록되어 있다.

74

"통제 가능한 곳에서 기다려라."

양쪽 강둑 사이를 흐르는 강이 있다고 생각해보자.

한쪽 강둑에는 '성공'이라고 쓰여 있고, 다른 한쪽 강둑엔 '출발'이라고 적혀 있다.

대부분의 젊은이들은 출발이라 적힌 강둑에서 인생을 시작한다. 그리고 경력을 쌓아가는 과정에서 점점 성공의 강둑을 향해 천천히 헤엄쳐 나간다.

그런데 자신보다 까마득히 멀리 앞서 헤엄치고 있는 사람들이 보인다.

스티브 잡스, 빌 게이츠, 제프 베조스, 학창시절 한 번도 1등을 놓치지 않았던 친구…

마음이 급해지고 발버둥이 격해진다. 잘 지켜왔던 자신의 페이스를 잃기 시작한다. 출발의 강둑으로 돌아오는 것은 불가능하다.

경우의 수는 두 가지다.

중간에 모든 힘을 쏟고 쓸쓸하게 강바닥으로 가라앉거나 만신창이가 되어 성공의 강둑에 가까스로 표류하듯 닿는 것.

당신은 지금 어디쯤에서 헤엄치고 있는가?

스무 살로 돌아갈 수 있다면 나는 나에게 출발의 강둑 근처에서 좀 더 참을성을 가지라고, 진심으로 말해주고 싶다. 출발하고 나면 되돌리기가 불가능해진다. 빠른 출발이 아니라 가장 최적한 출발이 백 배는 더 중요하다는 사실을 젊을 때 알기란 진정 어렵다.

충분히 고려한 후 출발하지 않으면 자신의 페이스를 유지하기란 낙타가 바늘귀를 통과하기보다 더 어렵다. 타인의 방식과 수영법을 흉내 내지 않기란 사하라 사막에 떨어진 바늘을 찾기보다 더 어렵다.

통제할 수 있는 곳은 오직 출발선밖에 없다.

성공하고 싶다면 모두가 결승선에 온통 정신이 쏠려 있을 때 당신은 출발선을 바라볼 줄 알아야 한다.

얼마든지 경로 수정이 가능한 계획, 그리고 언제든 포기할 수 있고 되돌아올 수 있는 자유가 완성될 때까지는 한 걸음도 내딛지 마라.

그레이엄 던컨 Graham Duncan

예일 대학교를 졸업하고 20억 달러 규모의 고객 자산을 관리하는 회사 이스트 록 캐피털 East Rock Capital을 창업해 큰 성공을 이루었다.

75

"나이 들기 전에 매력을 완성하라."

좋은 물건이 있으면 돈을 더 주고서라도 사라. 그리고 가능하면 쉽게 되팔 수 있는 것을 사라. 이 두 가지 기준만 잘 지키면 다양한 분야에서 좋은 투자자가 될 수 있다.

나는 빈티지한 물건들을 모은다. 그것들은 늘 상품 가치가 있다. 오랜 시간이 지나도, 아니 시간이 흐를수록 더 매력적인 가치를 보여주기 때문이다. 세상의 유행은 돌고 돌고 돌아 제자리로 온다. 그 순환이 점점 빨라지고 있을 뿐, 본질은 변함이 없다.

언젠가 유명 CEO인 리처드 브랜슨Richard Branson과 함께 비행기를 탄 적이 있는데, 그는 30년 넘게 사용했다는 매우 낡은 루이비통 더플 백을 갖고 있었다. 당장이라도 그가 치른 가격의 몇 곱절을 주고 그 가방을 사들이고 싶었다. 낡았지만 튼튼했고, 그래서 더욱 아름다웠다.

사람도 마찬가지다.

나이가 들수록 더 매력적으로 빛나는 사람이 되려면, 젊은 시절부터 튼튼하고 건강하고 아름다운 매력을 몸에 들여야 한다. 웃돈을 주고서라도 사고 싶은 사람, 언제든 시장에 나와도 높은 인기를 유지하는 사람이 되어라.

더 나이 들기 전에 당신만의 매력을 완성하라.

디타 본 티즈 Dita von Teese

풍자극 분야에서 가장 중요한 인물이다. 루이비통, 카르티에, 마크 제이콥스 등의 세계적인 디자이너들이 여는 세계적인 행사에 공연자로 초대되곤 한다. 전 세계 유명 소매점에서 구매할 수 있는, 그녀의 이름을 딴 란제리 컬렉션도 소유하고 있다.

76

"두렵지 않다면 어떻게 할 것인가?"

젊은 시절, 나는 주로 피로와 정신 산만이라는 두 가지 이유 때문에 곧잘 집중력을 잃어버리곤 했다. 그럴 땐 찬바람을 맞으며 산책을 하거나 차가운 음료를 마시거나 찬물로 샤워를 하는 등 '추위'를 해결책으로 삼았다. 샤워는 반드시 찬물 샤워가 아니어도 괜찮다. 샤워 자체가 리셋 버튼 역할을 하기 때문이다.

피로감 때문에 정신이 산만해질 때는 잠깐 낮잠을 자거나 읽고 싶었지만 그냥 던져둔 소설을 집어 들고 그 속으로 여행을 떠난다. 독창적인 글을 읽으면 창의적인 사고가 순간적으로 자극을 받아 피로를 물리친다. 다른 사람이 책 속에 넣어둔 좋은 아이디어를 접하면 다 끝내지 못해 늘 고민에 잠기게 했던 일들에 대한 놀라운 단서가 떠오르기도 한다.

그리고 '두려움을 해결했다면 그다음은 어떻게 할 것인가?'라는 질문을 던지는 것도 아주 괜찮은 방법이다.

핵심은 이렇다.

젊었을 때 스트레스를 관리할 수 있는 자신만의 방법을 찾으면 삶이 매우 유리해진다는 것이다.

제시 윌리엄스 Jesse Williams

행동주의자, 배우, 기업가이자 예전에는 고등학교 교사였다. ABC 방송국의 메가히트 시리즈인 〈그레이 아나토미〉에서 잭슨 에이버리 박사 역을 맡아 열연했다.

77

"책을 읽는 이유를 알라."

책을 읽는 것은 삶에서 늘 중요하다. 하지만 그보다 더 중요한 건 책을 읽는 이유를 아는 것이다. 우리가 독서를 하는 것은 나쁜 일이 생길 것이라는 사실을 바꿀 수는 없지만, 정말 중요한 것은 거기에 대응하는 방식이라는 깨달음과 스스로를 제어하는 지혜를 배울 수 있기 때문이다.

책은 우리가 삶에 적극적으로 대응할 수 있는 다양한 경로를 알려준다. 삶이 바꿀 수 있는 대상이 아니라는 사실을 명확히 인식하고 나면 불행하다고 느끼거나 불안감에 휩싸일 때 새로운 시각을 갖게 되거나 머릿속의 부정적인 이야기를 멈출 수 있다. 삶은 그저 우리가 대응하는 방식으로 존재한다는 사실을 떠올리면, 삶을 바꾸지 못한다는 강박과 두려움에서 벗어나 새로운 대안들을 모색할 수 있는 힘을 얻는다.

책을 손에 놓지 않는 한, 힘겨운 상황에 개입하는 다양한 지혜를 얻게 될 것이고, 마침내 이를 통해 삶이라는 무거운 짐을, 삶의 여정에서 내려놓을 수 있게 된다.

더스틴 모스코비츠 Dustin Moskovitz

페이스북Facebook 공동 창업자로, 처음에는 CTO를 역임하다가 나중에는 엔지니어링 부사장을 맡는 등 기술부서의 핵심 리더로 일했다. 나아가 인류의 번영을 돕는 것을 사명으로 하는 자선 단체 굿벤처스Good Ventures의 공동 설립자이기도 하다.

78

"배우는 것은 많이, 아는 것은 적게."

내게 일어난 가장 큰 행운은 저널리즘 학교에 입학 허가를 받지 못한 것이다. 그 때문에 결국 나는 꿈에 그리던 〈뉴욕 타임스〉에서 기자 겸 칼럼니스트로 일하게 되었다. 그리고 학자들의 이론이 아니라 경험을 통해 생생한 것들을 배우며 정해진 방식대로만 일하는 게 아니라, 내 열정이 이끄는 길을 선택할 수 있었다.

이런 내가 젊은 독자한테 줄 수 있는 조언은 '어떤 결과가 나왔을 때 그게 반드시 최종적인 결과를 뜻하는 건 아니다'라는 것이다. 목표의 종착지라고 믿어 의심치 않았던 곳이 사실은 여러 갈래로 갈라지는 길의 한 분기점에 불과할 수도 있는 게 인생이다. 어떤 일에 대한 성공과 실패가 우리 삶에 도움이 될지, 피해를 줄지는 아무도 알 수 없다는 것을 기억하기 바란다. 비판을 받았다고 해서 그게 곧 실패한 것은 아니다. 비판을 받지 않았다면 그건 아마 당신이 남다르게 하지 않았기 때문일 것이다.

더 지혜로운 삶을 살려면 배우는 것은 많아야 하고, 알고 있는 것은 적어야 한다.

뉴욕에서 발간되는 최대 규모의 대안신문인 〈빌리지 보이스 The Village Voice〉에서 무보수 인턴으로 일했던 젊은 날을 나는 잊지 못한다. 1년 동안은 우편물을 개봉하고 다른 사람들의 지출품의서를 처리하는 일만 했지만, 그래도 그곳에서 일하게 되어 정말 기뻤다. 밝은 얼굴로 열심히 일하다 보니, 점점 월급이 오르는 정식 직원이 되었고 아무도 쫓아낼 수 없는 일꾼이 되었다.

글쓰기를 무척 좋아했지만 일을 처음 시작했을 때는 정작 글솜씨가 별로 좋지 못했다. 하지만 존경하는 작가와 편집자들 주변에서 시간을 보내고, 또 비는 시간이 생길 때마다 기록보관소에 있는 과월호를 탐독하다 보니 어느새 작가, 비평가, 기자가 되는 법을 깨우치게 되었다.

가장 큰 깨달음은 다음과 같았다.

"최고의 명문학교는 '세상'이다."

닐 스트라우스

"

사람들은 달에 갈 생각만 하느라 자기 발밑에 핀 꽃을 보지 못한다.

"

_알베르트 슈바이처Albert Schweitzer

"

모든 일 안에는 언제나 위험보다 두려움이 더 많다.

"

_세네카Seneca

79

"삶의 전부가 일이 되게 하지 마라."

  손쉽게 할 수 있고, 동시에 창의력을 발휘할 수 있는 직업을 선택하라. 당신에게는 쉬운 일인데 동료들에겐 좀 어렵다면, 성공을 위해 지나치게 열심히 일하지 않아도 되고 여가시간도 충분히 생겨 인생을 즐길 수 있을 것이다.

  또 필요할 경우 종종 여가시간을 자기계발에 투자해 경쟁자들을 날려버릴 수도 있다. 반면에 경쟁력 있는 인재가 되기 위해 늘 장시간 일해야 한다면 극도의 피로만 쌓일 뿐 인생이 괴로워진다.

  정년을 보장한다거나 돈을 가장 많이 벌 수 있을 것처럼 보인다는 이유로 직업을 선택해서는 안 된다. 세상의 기술과 인프라는 전례 없는 속도로 변화하고 있다. 지금부터 5년 뒤에 어떤 직업이 최고의 직업으로 부상하게 될지는 아무도 예측할 수 없다.

자신이 어떤 재능을 갖고 있는지 모를 때는, 선택의 폭을 절대 좁히지 마라. 최대한 폭넓은 교육을 받아야 한다. 타인을 지혜롭게 설득하고, 타인과 탁월하게 소통할 수 있는 기술을 꾸준히 연마하면서 관심사를 최대한 넓혀라. 젊은 시절이 아니면 그럴 기회가 없다.

내 경력에 가장 중요한 영향을 미쳤던 것은 대학에서 문학과 작문, 논리학 강좌를 수강한 것이다. 이 강좌들은 일련의 사실을 통해 올바른 결론에 도달하는 방법과 그 결론을 다양한 청중에게 전달하는 방법을 가르쳐주었다.

이런 기술을 갖추면 어떤 직업을 선택하든, 타인보다 훨씬 더 인생을 즐길 수 있게 된다는 사실을 깨닫는 날이 올 것이다.

일이 당신 삶의 전부가 되게 하지 마라.

루이스 캔틀리 Lewis Cantley

하버드 대학교 세포생물학 교수. 그의 선구적인 연구 덕분에 암, 당뇨병, 자가면역 질환에 대한 혁신적인 치료법이 탄생했다. 400편이 넘는 독창적인 논문을 발표했다.

80

"상상력과 반론과 의문을 따라가라."

대학에서 소방관이 되기 위한 공부를 처음 시작했을 때 지도 교수가 환영 연설을 하며 이런 말을 했다.

"지금껏 여러분은, 세상이 여러분에게 강조한 메시지를 열심히 외웠을 겁니다. 앞으로 4년 동안 우리의 목표는 스스로 생각하는 법을 배우는 겁니다. 우리가 성공한다면 여러분은 이 세상에 존재하지 않았던 새로운 걸 만들어내겠지만, 성공하지 못할 경우에는 계속 다른 사람을 모방하면서 그들의 말과 행동을 반복하게 될 겁니다. 내 말을 진지하게 받아들여주기를 바랍니다. 스스로 상상력을 펼쳐보세요. 싫든 좋든, 여러분은 새로운 세상을 디자인하게 될 겁니다. 부디 지금 우리가 살고 있는 이

곳보다 더 나은 세상이기를 바랍니다."

우리 모두가 새로운 세상의 디자인에 참여하게 된다는 말을 나는 늘 마음 깊이 새기며 살아왔다. 어려울 때마다, 유혹 앞에서 망설일 때마다 나는 이 말을 꺼내 강력한 힘을 얻어왔다.

이 경험에 비춰 당신에게 질문을 하나 해보고자 한다.

"떠올리면 가슴이 뜨거워지는 '미션mission'이 있는가? 그렇다면 당신은 무엇을 하든 성공할 확률이 높아진다.

언젠가 이탈리아 마라톤 국가대표팀 코치 한 명이 뉴욕에서 소방관들을 상대로 운동을 가르치고 있는 나를 찾아왔다. 위급한 상황에서 엄청난 힘을 폭발시키는 소방관들에게 감명을 받기도 했고, 그들이 어떻게 훈련하는지 알면 자신이 지도하는 마라톤 선수들에게도 도움이 될 것이라는 판단에서였다.

그는 내 프로그램에 따라 훈련하는 소방관들을 꼼꼼하게 살펴본 후 이렇게 말했다.

"당신의 훈련 프로그램은 매우 가치가 있다고 생각해요. 하지만 나는 마라톤과 트라이애슬론 선수를 훈련시키기 때문에, 심장 강화 운동이 무엇보다 중요하다는 걸 알죠. 때론 40층까지 단숨에 뛰어 올라가야 하는 소방관들도 예외는 아니라고 생각하는데… 당신의 소방관들은 근력 운동에 집중할 뿐, 지구력 훈련은 하지 않는 것 같네요?"

나는 잠시 미소를 지으며 그를 바라보다가 이렇게 답했다.

"올림픽 마라톤 우승자와 100미터 우승자에게 소방장비를 짊어지고 40층까지 올라가라고 하면 누가 더 빨리 올라갈까요?"

그는 1분 넘게 아무 말 없이 나를 쳐다보기만 했다.

"제가 부임하기 전에 지도했던 코치들이 뉴욕 소방관들에게 근력 훈련이 아닌 지구력 훈련을 시키는 바람에 속도가 매우 떨어져 있더군요."

그는 싱긋 웃었고, 내게 깊이 사과했다.

이 이야기를 독자들에게 하는 이유는 간단하다.

모든 교과서가 지구력 운동을 해야 한다고 해서, 그것을 외워서 따라하지 말라는 것이다. 당신의 삶에는 지구력이 아니라 강한 근육이 더 필요할 수 있다. 어쩌면 산다는 것은 교과서에 나오지 않는 지혜와 가르침을 발굴하는 여정일지도 모른다. 지금 우리가 살고 있는 세상 또한 교과서대로 움직이지 않는다. 더군다나 앞으로 새로운 세상을 열어가야 할 젊은 디자이너들은 '대세나 추세'가 아니라 '자신의 상상력과 반론과 의문'을 탁월하게 따라가야 한다.

성공의 비결은 늘 극소수 사람들만 서로 공유하고 알고 있는 것일 확률이 높다는 것을 기억하라.

예지 그레고렉 Jerzy Gregorek

세계역도선수권 대회에서 네 차례나 우승을 차지했고 세계 기록도 하나 세웠다. 전설적인 소방관으로 일했고 2000년에는 UCLA 역도 팀을 창설했다. 해피 바디Happy Body 프로그램의 공동 창안자인 예지는 30년 넘게 수많은 젊은이들의 멘토 역할을 하며 큰 명성을 얻었다.

81

"비난과 불평, 험담을 쫓아내라."

청년 시절엔 대부분 자기 삶에 아무런 일도 일어나지 않으면 어쩌나 걱정이 많다. 생각지도 못한 행운 같은 건 언제쯤 찾아올까 기대도 하면서 말이다.

그러다 보면 행운은 까마득히 멀리 있다는, 그래서 영영 찾을 수 없을지도 모른다는 부정적인 생각이 꼬리에 꼬리를 물고 찾아오는 시절이 또 20~30대이기도 하다.

부정적인 반응의 첫 번째 징조는 짜증이다. 짜증만 내지 않아도 삶은 한결 좋아진다.

짜증이 났을 때는 짜증이 났다는 걸 먼저 알아차려야 한다. 그런 다음 즉시 혼자 시간을 보내면서 나 자신과 사랑하는 사람들이 겪을 수도 있는 정서적 고통을 대폭 줄인다.

심호흡을 하는 사이사이에 마음을 가라앉히고 머릿속에서 오가는 생각들과 내 앞에 있는 다른 사람을 살펴볼 여유를 가져야 한다. 나아가 긍정적으로 생각할 수 있는 부분이 전혀 없을 때는 아무 말도 하지 않는 것이 상책이다.

'비난을 거부하고, 불평을 늘어놓지 않으며, 남의 험담을 하지 않는다.'

젊은 시절 이 3가지 규칙을 잘 지키면 삶이 행복해진다(내 딸이 그 증거다).

비난, 불평, 험담 중 하나를 시작하는 순간 부정적인 사람이 된다. 이는 내가 책임져야 할 내 삶을 회피하고 있다는 강력한 경고다. 부정적인 태도는 오염 물질과도 같아서 정신과 인간관계를 더럽힌다.

나아가 클라이언트든 친구든, 내가 교류하는 누군가가 부정적인 태도에 젖어 드는 게 보이면 그를 긍정적인 해결책 방향으로 이끌려고 하는 적극적 행동을 취하도록 하라. 좋은 메시지를 미리 준비해두었다가 적시에 전달하는 현명한 친구가 되어주어라.

이유는 간단하다.

부정적인 사람들에 둘러싸이면 절대 긍정적인 사람이 되기란 불가능하기 때문이다. 긍정적인 사람들과의 관계가 당신의 삶의 질을 크게 향상시킨다.

아니엘라 그레고렉 Aniela Gregorek

폴란드 자유노조 운동 중에 박해를 받아 1986년 남편 예지 그레고렉과 함께 정치적 망명자 신분으로 미국에 건너왔다. 프로 운동선수인 아니엘라는 세계역도선수권 대회에서 5회 우승하고 6개의 세계 기록을 세웠다. 그녀와 예지는 2000년 UCLA 역도 팀을 창설해 수석 코치가 되었다. 아니엘라는 노위치 대학에서 문예창작 석사학위를 받았다. 그녀는 폴란드어로 시를 써서 영어로 번역하기도 하고 영어로 쓴 시를 폴란드어로 번역하기도 한다. 그녀의 시와 번역문은 유명한 시 전문 잡지에도 실렸다.

82

"끈기가 이긴다."

살면서 확실한 진리를 만나기란 어렵다.

그런 것이 있다면 세상이 이렇게 위태하게 돌아가진 않을 것이다.

몇 개 안 되는 확실한 것들 중 하나는, 재능보다 끈기가 더 중요하다는 것이다.

장담한다. 이건 정말 명백한 진리다.

당신이 대학생이라고 해보자.

당신이 모든 과목에서 A학점을 받는다 해도, 당신 옆에 앉은 C학점짜리 학생의 끈기가 더 길다면 절대 그를 이길 수 없다.

인생은 누가 빨리 뛰느냐의 게임이 아니다.

인생은 누가 더 마지막까지 기다리느냐의 게임이다.

이것이 천재와 싸워 이기는 유일한 방법이다.

앤드류 로스 소킨 Andrew Ross Sokin

〈뉴욕 타임스〉 금융 칼럼니스트이자 온라인 일일 금융 동향 리포트인 〈딜북DealBook〉의 창립자 겸 편집장이다. 아울러 〈뉴욕 타임스〉의 비즈니스 섹션 부편집자로 일하면서 보도 범위를 조정하고 구체화하는 작업을 돕는다. CNBC의 유명한 아침 프로그램인 〈스쿼크 박스Squawk Box〉의 공동 진행자이고, 2008년 금융 위기와 관련된 사건들을 연대순으로 기록해 〈뉴욕 타임스〉 베스트셀러 목록에 오른 《투 빅 투 페일Too Big to Fail》이라는 책도 썼다. 이 책은 2010년 제럴드 로엡 어워드Gerald Loeb Award에서 '최고 경영서' 상을 받았고, 2010년 새뮤얼 존슨 상Samuel Johnson Prize과 〈파이낸셜 타임스〉가 선정한 2010년 올해의 책 최종 후보에 올랐다. 앤드류는 이 책을 영화화할 때 공동 제작을 맡았고, 영화 는 에미상 11개 부문 후보에 올랐다. 1995년부터 〈뉴욕 타임스〉에 글을 기고하기 시작했 는데, 당시 그는 고등학교도 채 졸업하지 않은 학생 신분이었다.

83

"매일 3가지를 감사하라."

지금보다 젊었을 때도 딱히 '감사를 모르는' 사람은 아니었지만, 굳이 시간을 내서 내가 한 일들을 일일이 되돌아본 적은 없다.

나이가 제법 든 지금은 매일 아침 감사하는 연습을 하고, 하루 일과 도중에 다시 연습하기도 한다. 왜 내 삶은 이렇게 바뀐 것일까?

감사의 과학적인 효과를 맹신해서가 아니다. 감사하는 마음을 품으면 기분이 좋아진다는 걸 경험을 통해 알고 있기 때문이다. 인생은 결국 얼마나 많은 시간을 '좋은 기분'으로 사느냐가 결정하는 것 같다.

세상에 만사를 해결해주는 검증된 유일한 '특효약'이 있다면 '감사'다.

감사하는 연습은 이런 식으로 진행된다.

먼저 스마트폰에 깔려 있는 음악 앱을 실행시켜 '감사 플레이리스트'에 저장해둔 음악을 무작위로 듣는다. 내 경우엔 감사 플레이리스트에 9곡의 노래가 포함되어 있다. 어떤 곡이든 상관없이 들으면 기분이 전환되고 사는 일에 감사해지는 음악이면 무엇이든 좋다. 중요한 건 '감사 음악 목록'을 만들어보라는 것이다.

그런 다음, 정말 감사하게 여기는 일 3가지를 생각한다. 대상이 구체적일수록 효과가 좋다. 예를 들어 단순히 '우리 엄마'라고 생각하기보다 '엊저녁에 나를 위해 시금치 파이를 만들어준 엄마'라고 생각하는 것이다. 또 '내 파트너'보다는 '어제 파트너와 함께 밖에 나가 달린 일'이라고 떠올리는 편이 더 좋다.

오늘 아침에 내가 감사한 대상은 다음과 같다.

1. 내 뱃속에서 발길질하는 아이.

2. 내가 마시는 커피.

3. 태양이 떠오르는 모습을 지켜본 것.

이 작업을 제대로, 진지하게 하고 나면(그냥 속으로 줄줄 읊기만 하고 끝나는 게 아니라… 그래서 음악을 먼저 듣는 것이 올바른 마음가짐을 준비하는 데 도움이 되는 것이다), 대개 감사의 마음 때문에 눈물이 나기 시작한다. 하루를 보내면서 좌절감을 느끼거나 화가 많이 날 때는 중심을 되찾기 위해 이 연습을 다시 하기도 한다.

감사할 줄 아는 사람이 인생에서 실패하기란 정말 어려운 일임을 명심하라.

투리아 피트 Turia Pitt

오스트레일리아에서 가장 많은 존경과 인정을 받는 인물들 중 한 명이다. 전직 모델이자 피트니스 중독자, 성공한 광산 기술자였던 투리아는 24살이던 2011년, 웨스턴 오스트레일리아에서 열린 100킬로미터 울트라 마라톤에 참가했다가 폭풍처럼 번지는 들불에 갇히고 말았다. 외딴 사막 지역에서 헬기로 구조되었을 때 간신히 목숨은 붙어 있었지만 몸 전체의 64퍼센트가 심각한 화상을 입은 상태였다. 이런 엄청난 역경을 이겨낸 투리아는 예전보다 더 강해진 모습으로 돌아왔다. 2016년 하와이 코나에서 열린 아이언맨 월드 챔피언십 Ironman World Championship을 완주했고 《살아야 할 모든 이유Everything to Live For》라는 회고록도 썼다. 그녀의 TED 강연 '자신의 가능성을 드러내라Unmask Your Potential'는 엄청난 시련을 이긴 사람의 경이로운 이야기를 들려준다.

84

"반대 의견을 구하라."

당신은 반대 의견을 자유롭게 구할 수 있는가?

언제나 당신의 의견에 동조하지 않는 사람, 솔직하고 생산적인 방식으로 반대 입장을 취해줄 수 있는 사람을 찾을 수 있다면 매우 성공적인 삶을 살게 될 것이다.

다른 생각, 다른 의견에 귀를 기울이는 노력을 게을리 하지 마라. 정치적인 태도로 일관하며 계속해서 A도 아니고 B도 아니고 C도 아닌, 결국 아무것도 아닌 의견만 피력하는 집단은 가급적 피하는 것이 좋다.

당신과 다른 의견을 경청하는 습관을 들이면, 어떤 일에 대한 당신의 생각을 매일 새롭게 바꿀 수 있다. 이는 성공에 매우 중요하다.

인생의 진리는 대체로 극단적인 의견 두 개가 만났을 때 그 중간 지점 근처에 자리하고 있다. 따라서 당신과 가장 의견 차이가 큰 사람의 말에 귀 기울이지 않으면, 자연스럽게 진리와 멀어지게 된다.

반대 의견 듣기를 망설이는 사람은 틀리는 걸 두려워하기 때문이다. 하지만 인생은 맞고 틀리고의 퀴즈 게임이 아니다. '지금 이 순간에 적용되는 진실이 무엇인가?'를 찾는 게임이다. 더 옳은 것이 아니라 더 진실한 것을 발견할 수 있을 때 우리는 성공한다.

그리고 유연한 태도를 유지하면서 자신에게 찾아오는 기회에 열린 태도를 취해야 한다. 내가 아는 성공한 사람들은 대부분 대학을 졸업한 뒤에 뭘 하고 싶은지 정확히 알지 못했다. 사회에 나가 경력을 쌓는 과정에서 철석같이 믿었던 자신의 진로를 대폭 수정하는 사람들도 많았다.

젊었을 때는 문을 닫지 말아야 한다. 세상이 당신에게 안겨주는 기회를 열린 마음으로 최대한 받아들여야 한다.

지금껏 들인 노력과 시간이 아깝다는 이유로 회사를 옮기거나 직업을 바꾸는 걸 두려워하지 마라. 지금 당장 모든 걸 파악하려고 서두를 필요도 없다. 모든 걸 다 알 수도 없지만, 모든 걸 다 안다고 느낄 경우, 현 상태를 고수하면서 변화를 받아들이지 않으려고 하게 된다.

최고의 인생 전략은 언제든지 수정 가능한 전략이다.

애니 듀크 Annie Duke

지난 20년 동안 세계 최고의 포커 선수였다. 프로 선수가 되기 전에는 펜실베이니아 대학교에서 인지심리학을 공부했고 미국 과학재단 장학금을 받았다. 자신이 운영하는 블로그 Annie's Analysis를 통해 현명한 의사결정(포커 이외의 많은 분야에 적용되는)과 관련된 과학적 연구 결과를 꾸준히 공유함으로써 명성을 얻었다.

85

"산책부터 하고 보라."

나의 오랜 습관 중에 가장 좋은 건 산책과 명상이다(이 2가지
를 병행하지 않고 따로 한다). 평생 함께 할 운명적인 친구가 산책
을 좋아해서, 그와 함께 있는 시간을 더 늘리고 싶어 계속 걷고
또 걷는다.

산책의 목적은 따로 없다. 그냥 재미있어서 걷는다. 한 번은
런던에서 거의 13킬로미터를 쉬지 않고 걸었는데, 그렇게 많이
걸을 줄 알았다면 처음부터 하지 않았을 것이다.

아내와 아이들도 산책을 좋아해서, 때로는 영원토록 계속 걸
을 수 있을 듯한 기분이 들기도 한다. 젊었을 때도 산책을 했지
만 그땐 산책이 이렇게 기분 좋은 일일 줄은 정말 몰랐다.

명상은? 산책보다 어렵다. 하지만 명상에 적응하도록 뇌를 훈련시킬 수만 있다면(기타 연주, 성대모사, 수동 변속기 차량 운전법 등을 배우듯이), 멋진 기술을 습득하게 될 것이다.

산책과 명상의 좋은 점은 연습만 하면 된다는 것이다. 뛰어난 결과 같은 건 필요 없다. 그냥 숨을 쉬듯 자연스럽게 하면 된다.

내가 아는 현명하고 안정적인 이들은 모두 산책과 명상을 한다.

날마다 그냥 시작하라.

한 걸음만 걸어도 산책이고, 한 호흡만 쉬어도 명상이다.

산책과 명상이라는 단어만 떠올려도, 우리는 좋은 틈과 여유를 가질 수 있다.

산책과 명상을 모두 할 수 있는 효과적인 방법이 있다.

산책부터 하는 것이다.

산책을 하다 보면 명상법은 자연스럽게 깨우치게 된다.

돌파구가 필요할 때, 사는 게 힘겨울 때 산책과 명상은 당신이 중독적으로 탐닉할수록 환상적인 결과를 가져다주는 마약 같은 처방이 되어줄 것이다.

다시 한 번 강조하지만 일단 산책부터 하고 보라.

돌아와 다시 책상 앞에 앉았을 때 고민하던 문제의 상황이 획기적으로 달라져 있을 것이다.

지미 팰런 Jimmy Fallon
에미상과 그래미상을 받은 코미디언이다. 심야 토크쇼 〈지미 팰런의 투나잇 쇼〉로 자신의 존재를 널리 알렸다.

86

"매일 해야 하는 말이 있다."

'오늘은 어떤 말을 할까?'

이것이 스무 살 시절 매일 아침 자신에게 던져야 할 질문이다.

매일 아침, 오늘 어떤 말을 해야 할지 미리 준비하면 하루가 굉장히 달라진다. 물론 좋은 쪽으로 말이다. '오늘은 누구든 만나면 욕을 해주겠어!'라고 아침부터 생각하는 사람은 없을 테니까.

특히 "부탁합니다"와 "감사합니다"는 아무리 남발해도 부족하다.

그리고 이 말을 행동으로 옮겨 주변 사람들이 그게 당신의 진심에서 우러나온 말이라는 걸 확실하게 깨닫게 해야 한다. 어려움을 극복하고 성공한 후에도 마찬가지다. 이 말들이 안 나오는 날이 없게 하라.

매일 이 말을 하면, 매일 얻는 것이 있을 것이다.

마리아 샤라포바 Maria Sharapova

그랜드 슬램Grand Slam 타이틀을 다섯 차례 획득했고 올림픽에서 은메달을 딴 세계적인 테니스 선수다. 선수 생활 중 21주 동안 세계 랭킹 1위를 유지했고 35개의 단식 타이틀을 획득했다.

데이비드 오길비 David Ogilvy

"

개를 고용하면서 스스로 짖지 마라.

"

66

자신이 너무 보잘것없는 사람이라
실질적인 효과를 발휘할 수 없다고 생각한다면,
그는 모기 한 마리와 함께 어둠 속에 있어본 적이 없는 사람일 것이다.

99

_베티 리즈Betty Reese

87

"돌려받을 생각하지 마라."

나는 뭔가를 줄 때마다 돌려받을 것을 기대하지 않는다. 돈, 시간, 에너지 등 뭐든 다 그렇다. 어떤 대가를 기대할 때마다 그 투자를 통한 발전이 방해받는다. 보답에 대한 기대나 관심 없이 순수한 나눔과 도움, 지원, 협조, 격려를 위해서 주어야만 비로소 완전한 성취감을 느낄 수 있다.

특히 친한 사람에게 뭔가를 줄 때는 돌려받을 생각을 하지 말아야 한다. 뒤집어 말해, 돌려받지 않아도 내 삶에 전혀 영향을 받지 않을 만큼 주는 태도도 지혜롭다. 아무튼 뭔가를 베풀 때는 돌려받을 생각을 하지 마라. 그러면 더 큰 것들을 언제고 돌려받게 된다.

나아가 스마트한 젊은 20대들에게 당부하고 싶은 것은 '작문 실력'을 키우라는 것이다. 글쓰기 실력은 사람들 사이에서 돋보이는 데 정말 중요한 기술이다. 최근에는 갈수록 서면으로 의사소통을 하는 일이 늘어나고 있다. 글을 통해, 오직 글만을 통해 자신을 표현하는 능력이 뛰어나면 남들보다 훨씬 앞서나갈 수 있다.

마지막으로 여러분이 앞으로 걱정하게 될 대부분의 일들은 사실 별로 중요한 일이 아니라는 걸 꼭 알려주고 싶다. 여러분은 아무도 신경 쓰지 않는 사소한 것들 때문에 많은 땀을 흘리게 될 것이다. 작고 디테일한 것들이 중요하지 않다는 뜻이 아니다. 너무 완벽하게 마무리하거나 준비하려 하지 말라는 것이다. 그러다 보면 소중한 시간을 낭비하게 된다. 자신이 어떤 일에 시간을 쏟는지 세심한 주의를 기울여야 한다.

시간과 주의력은 완전히 별개의 것이다. 이 2가지는 여러분이 앞으로 나아가도록 도와주는 가장 귀중한 자원이다. 공기를 가르면서 걷거나 물속에서 헤엄을 치는 것처럼, 자신의 주의력을 잘 헤쳐 나가야 한다.

이 2가지는 일을 잘하기 위한 수단이다. 시간이 부족하다고 말하는 이들이 많지만, 사실 언제나 시간보다는 주의력이 부족하기 때문에 문제가 생긴다는 걸 명심해야 한다. 주의력을 총 집중하면 최선을 다할 수 있지만, 안타깝게도 다들 여러분의 주의력을 앗아가려고 할 것이다. 그러니 잘 보호하고 보존해야 한다.

제이슨 프라이드 Jason Fried

소프트웨어 회사 베이스캠프Basecamp의 CEO다. 이 회사의 주력 제품인 베이스캠프는 프로젝트 관리 및 팀 커뮤니케이션을 위한 애플리케이션으로, 수백만 사용자의 신뢰를 받고 있다. 〈뉴욕 타임스〉 베스트셀러인 《리워크Rework》와 《리모트Remote》의 공동 저자이기도 하다.

88

"두려움에게 미소를 보내라."

당신이 제대로 배우고, 폭넓게 성장할 수 있는 곳이라 생각된다면, 그곳과 관련된 불확실성과 두려움을 기꺼이 받아들여야 한다.

피하지 말고 그 안으로 들어가라. 미루는 버릇, 사회적·경제적 불안감, 자기 사업을 시작하거나 꿈을 좇을 때의 막막함, 실패와 조롱에 대한 상처를 극복할 수 있는 유일한 길은 두려움이 상존하는 곳으로 들어가는 것이다.

그곳으로 들어가면 두려움이 여전히 그 자리에 앉아 있을 것이다. 하지만 신기하게도 떨어져 앉아 두려움을 바라보면 뭔가 안도의 감정이 들 것이다. 마치 호랑이 굴에 들어갔는데, 호랑이가 달려들지 않고 멀뚱멀뚱 나를 바라보고 있는 느낌이랄까… 설명하기 어렵지만 분명 그렇다. 두려움과 마주 하면 두려움이 절대 나를 잡아먹지 않을 것이란 생각이 든다. 두려움이 우리를 삼키는 유일한 경우는, 두려움을 피해 달아나려고 뒷모습을 보일 때다.

두려움은 절대 피할 수 없다.

피할 수 없으니 즐길 수밖에 다른 방법이 없다.

두려움에게 미소를 보내라.

그러면 그 보답으로 두려움이 당신을 안심시킬 것이다.

리오 바바우타 Leo Babauta

젠 해비츠Zen Habits CEO. 〈타임〉이 선정한 우리 시대 최고의 명상가. 그의 블로그는 구독자 수가 200만 명이 넘는다.

89

"서핑하라."

서른 즈음에 내가 가장 많이 했던 것은 돌파구가 나타나기를 바라면서 계속 벽에 머리를 찧는 것이었다. 되는 일 하나 없는 내게 매달려 있는 불쌍한 머리가 정말 아플 정도로 말이다!

그러던 어느 날, 나는 바닷가로 산책을 나갔다가 내 인생을 바꾼 답을 찾아냈다.

음, 그러니까 나는 정말 운 좋은 사람이다. 캘리포니아 주 말리부에 살기 때문에 조금만 걸어 나가면 바다가 나온다. 그 푸른 바다에서 서핑을 하고 있노라면 머릿속이 상상력과 창의력으로 출렁인다. 대부분의 사람들은 육지에 둘러싸여 살기 때문에 이런 호사를 누리지 못한다는 걸 잘 알지만, 그래도 서핑은 정말 좋은 재충전 방법이다. 정말 강력 추천한다.

서핑을 하면 주변에 대해 훨씬 감사하고 감탄하는 마음을 품게 된다. 대자연의 놀이터 속에 있는 것만으로도 새로운 시각을 얻게 된다. 통제권을 가진 건 내가 아니라 바다와 파도다.

나는 그 속에서 숨을 쉬며 최선을 다하고자 애쓰는 작디작은 점일 뿐이다.

나는 아주 작은 나에 대한 통제권만 가지면 된다.

모든 건 우주의 섭리가 알아서 한다.

이 깨달음을 말로 설명하기란 불가능하다.

서핑하라.

그러면 내가 설명하지 못한 것들을 알게 될 것이다.

마이크 D Mike D

래퍼, 작곡가, 드러머, 패션 디자이너. 선구적인 힙합 그룹 비스티 보이즈The Beastie Boys 의 창립 멤버로 가장 유명하다. 비스티 보이즈는 〈롤링 스톤〉이 뽑은 '역대 최고의 아티스트 100인'에 포함되어 있다. 2014년 4월에는 로큰롤 명예의 전당에 이름을 올렸다.

90

"명언을 만들어가라."

내가 젊은 시절 잘한 일이 있다면, 이런 말을 사람들에게 하고 다녔다는 것이다.

'계속해서 새로운 실수를 저질러라!'

이 말뜻이 뭔지도 잘 모르면서 내게 코멘트를 청하는 사람들에게 떠들고 다녔다. 그런데 이 말이 '명사의 명언들Quotable Quotes'이라는 사이트에 등록되면서 지금도 매년 50달러 정도의 로열티를 받고 있다.

내가 명사라고?

인생은 참 알 수 없고, 그래서 재미가 있다.

대학 졸업을 앞둔 학생들에게 나는 말한다. 아직 일할 자격을 갖추지 못한 직업을 선택하라고. 그러면 필연적으로 뭔가를 배우게 된다. 그 배움을 잘 기록해 놓으면 '명사의 명언들'에 등록되는 행운을 기대할 수 있다.

궁극적으로 내가 하고 싶은 얘기는, 남들의 명언에 밑줄 치느라 밤새우지 말라는 것이다. 무엇이든 자신만의 명언을 만들기 위해 실질적인 노력을 해보라는 것이다.

하지만 지나친 노력은 하지 마라. 예를 들어 어렵게 들어간 대학을 더 나은 대안이 없는 상태에서 그만두지 말라는 것이다. 정말 전설적인 몇몇 인물만이 대학을 중퇴하고도 성공을 거두었지만 대부분의 사람들에게 대학 중퇴는 극복하기 힘든 걸림돌이 된다.

명사들이 명언을 남기는 것이 아니다.

명언이 명사를 만든다.

에스더 다이슨 Esther Dyson

히컵HICCup의 설립자이자 에드벤처 홀딩스EDventure Holdings 회장이다. 적극적인 엔젤 투자자이고, 베스트셀러 작가이며, 새로운 시장과 기술, 신생 분야, 건강에 관심이 많은 CEO다. 은퇴한 후 화성에서 살고 싶다는 꿈을 위해 2008년 10월부터 2009년 3월까지 러시아 모스크바 외곽에 있는 스타 시티Star City에 살면서 예비 우주비행사 훈련을 받았다.

91

"타인보다 더 뛰어난 타인이 되어라."

다른 사람들도 할 수 있는 일이라면 아무리 내가 좋아하고 보수가 괜찮은 일이라도 피하라. 이것만이 성공의 지름길이다.

내가 가진 가장 좋은 아이디어를 내주어라. 다른 누군가가 그걸 이용해서 일하게 만들어라. 만일 그들이 성공적으로 그 일을 해낸다면, 내가 그 일을 할 수 있는 유일한 사람이 아니라는 뜻이 된다. 이런 소중한 깨달음을 준 그들을 격려하면서 또 다른 아이디어를 그들에게 제시하라. 이를 반복하다 보면 결국 나만이 할 수 있는 프로젝트만 남게 된다. 그리하여 그 프로젝트는 한층 더 독특하고 중요해진다.

또 하나, 이번에는 반대편에서 이야기를 해보자.

자신의 열정을 찾으려고 노력하지 마라. 그보다는 다른 사람들이 중요하다고 여기는 어떤 기술이나 관심사, 지식을 통달해야 한다. 처음에는 그게 무엇이든 중요하지 않다. 그걸 굳이 좋아할 필요도 없고, 그냥 최고가 되기만 하면 된다. 그 일에 숙달되면, 싫어하는 일에서 벗어나 좋아하는 일들로 향할 수 있게 해주는 새로운 기회가 열릴 것이다. 통달한 기술을 계속해서 최대한 활용하면 마침내 자신의 열정에 도달하게 된다.

유일한 사람이 되든지, 타인보다 더 뛰어난 타인이 되든지, 둘 중 하나가 되어야 한다.

케빈 켈리

92

"인생을 삼분하라."

15살 무렵 나는 성적이 좋지 않아 학교에서 퇴학당하면서 학업을 계속하기보다는 차라리 일자리를 찾아보는 게 좋겠다는 말을 들었다.

당시 내 옆자리에는 어머니가 앉아 계시고 맞은편에는 교장 선생님이 계셨기 때문에 어떻게든 슬픈 표정을 지으려고 애썼지만, 사실 속으로는 매우 기뻤다!

아주 어릴 때부터 어머니의 주방에서 음식에 대한 열정을 키웠기 때문이다. 이 '실패' 덕분에 마침내 요리학교에 입학할 수 있게 된 것이다. 그후 직업학교에서 들어가 훌륭한 요리사들 밑에서 훈련을 받았고, 덕분에 지금과 같은 요리사가 되어 내 열정에 따라 살고 있다.

내가 젊은 독자들에게 들려주고픈 얘기는 '인생을 세 부분으로 나누어 살라'는 것이다.

3분의 1은 일과 사업을 위해, 3분의 1은 가족을 위해, 3분의 1은 나 자신을 위해 사는 것이다. 이렇게 구분해 우선순위를 정해놓으면 무엇보다 조바심을 떨쳐낼 수 있다.

젊은 시절엔 매우 빠른 시간 내에 여러 가지 일을 동시에 달성하고 싶어 하게 마련이다. 나도 예외가 아니었다. 기회만 되면 식당을 계속 오픈하고 싶다는 충동이 들 때가 많았다. 젊은 나이에 식당을 여러 곳 운용하면 성공한 인물처럼 보일 수도 있다. 하지만 실속은 없어진다.

훌륭한 식당은 하루아침에 만들어지지 않으며, 훌륭한 식당이 훌륭한 식당을 낳는 것도 절대 아니다. 능력을 분산시킬수록 모든 노력이 관심 부족으로 고통을 받게 된다는 사실을 깨닫는 데 나는 내 청춘을 다 보냈다.

어떤 한 가지 일을 멋지게 성공시켰을 때는 거기서 얻은 경험과 에너지, 노하우를 다른 데 쓰지 말고 천천히 비축하라. 마치 적금을 들 듯 말이다. 여러 가지 일을 동시에 벌여 온통 거기에만 매달리지 말고, 적금을 들어놓은 다음 시간의 3분의 2

는 가족과 나를 위해 써라.

그것이 곧 삶의 조화와 균형을 찾는 지혜다.

에릭 리퍼트 Eric Ripert

세계 최고의 요리사로 명성을 얻고 있다. 1995년 겨우 29살의 나이에 〈뉴욕 타임스〉에게서 별 4개의 평점을 받는 식당을 차렸다. 그로부터 20년 뒤 그가 공동 소유자이자 수석 셰프를 맡고 있는 르 베르나르댕Le Bernardin은 〈뉴욕 타임스〉에서 5년 연속 별 4개의 최고 등급을 받아, 그토록 오랜 기간 동안 최고의 자리를 유지한 유일한 식당이 되었다. 1998년에는 제임스 비어드 재단James Beard Foundation이 그를 '뉴욕 최고의 요리사'로 선정했고, 2003년에는 '올해의 요리사'로 뽑히기도 했다.

93

"나만의 명작을 그려라."

당신 자신에게 성공이 어떤 의미인지를 아주 구체적으로 파악하라. 타인의 관점이나 사회의 통념을 따르지 말고, 20년 후 개인적으로나 일적으로 성공한 삶에 대해 생생하게 그려보라. 그런 다음 시계를 오늘로 돌려라. 그러면 그 목표에 도움이 되는 선택을 해나갈 수 있다.

'성공이란 끝없는 열정과 헌신을 통해 마침내 최고의 자리에 오르는 것이다'라는 막연하고 추상적인 생각을 하고 있다면 당장 버려라. 성공에 필요한 건 아주 구체적이고 디테일하게 그리는 그림 실력이다

20대 초반에 나는 틈만 나면 몇십 년 후의 내 모습을 떠올리

며 수백 장의 수채화를 그렸다. 그리고 현재, 그 그림 중 한 장의 삶이 실현되어 있다. 엔터테인먼트 빌딩의 높은 곳에서 수많은 자동차가 지나다니는 고가도로를 바라보고 있는 모습, 그리고 사랑하는 아내와 아이들과 함께 뉴욕의 한 아파트에서 쾌적한 삶을 살고 있는 모습을 담은 그림이 현실이 되어 나타난 것이다.

'성공이란 무엇이라고 생각해?'라는 질문에 아주 구체적으로 답변할 수 있는 사람이 되어라. 말은 언제나 가장 큰 가능성의 씨앗이다. 관념적이고 어렵고 추상적일수록 말은 잎과 열매를 틔우지 못한 채 시들어버린다는 사실을 기억하라.

스트라우스 젤닉 Strauss Zelnick
하버드 비즈니스 스쿨에서 MBA를, 하버드 로스쿨에서 JD 학위를 받았다. 54개국에 200개가 넘는 음반사를 거느린 세계 최고의 엔터테인먼트 기업 중 하나였던 BMG 엔터테인먼트의 CEO로 명성을 얻었다.

94

"아이 같은 마음을 잃지 마라."

내가 아는 한 최고의 과학자와 엔지니어들은 어린아이 같은 마음의 소유자다. 놀이를 좋아하고 열린 태도를 가졌으며 두려움과 냉소, 실패에 대한 내면의 경고 따위엔 전혀 제약을 받지 않는다.

'아이 같은 마음'이 왜 그렇게 훌륭하냐고? 나는 첫 아이의 출산을 앞둔 젊은 동료들에게 앨리슨 고프닉Alison Gopnik의 《요람 속의 과학자》를 강력 추천한다. 이 책의 주요 결론은 이렇다.

"아기들은 우리보다 똑똑하다. 적어도 똑똑하다는 것이 새로운 것을 배우는 능력이라면 그렇다. 아기들은 생각하고 결론을 이끌어내고 예측을 하고 설명을 찾고 심지어 실험도 한다. 과학자들이 성공하는 이유는 아이들이 자연스럽게 할 수 있는 것을 잘 모방하기 때문이다."

인간의 뇌가 가진 힘은 대부분 시냅스의 상호연결성에서 나온다. 산타 페 연구소Santa Fe Institute의 과학자 제프리 웨스트Geoffrey West는 종種을 막론하고 시냅스/뉴런의 전개가 뇌 질량에 따라 거듭제곱의 법칙으로 커진다고 설명했다.

2~3살 때 아기들은 어른 뇌에 비해 시냅스가 10배 많고 에너지 연소가 2배 높은 절정기에 이른다. 그후로는 계속 감소한다.

캘리포니아 대학교 샌프란시스코 캠퍼스UCSF 산하 기억 및 노화센터Memory and Aging Center는 인지력 감퇴의 속도를 그래프로 나타냈는데, 40대에 80대와 똑같은 기울기의 감퇴가 나타난다. 나이가 들수록 특히 기억하고자 하는 것들을 대부분 잊어버리게 되는 문턱을 넘으면서부터 그동안 축적된 감퇴가 눈에 더 잘 띄는 것뿐이다.

하지만 이러한 진행 과정에 영향력을 행사할 수 있다. UCSF의 마이클 머제니치Michael Merzenich 교수는 어른이 되어서도 신경가소성이 사라지지 않는다는 사실을 발견했다. 이는 무슨 뜻일까?

신체 운동 못지않게 정신의 운동이 필요하다는 것이다. 무엇이든 쓰지 않으면 사라지고 만다는 의미다.

나를 비롯한 이 책의 젊은 독자들이 명심해야 할 단 하나의 메시지는 이것이다.

'행복하고 건강하게 살고 싶다면, 아이 같은 마음으로 평생 배우고, 새로운 시도를 해야 한다.'

스티브 저벳슨 Steve Jurvetson

실리콘 밸리의 대표적 벤처 캐피털 기업 DFJDraper Fisher Jurvetson의 임원이다. 세계경제 포럼World Economic Forum을 통해 '젊은 글로벌 리더'로 선정되었고 딜로이트Deloitte가 선정하는 올해의 벤처 캐피털리스트에 포함되었다. 2016년 버락 오바마 대통령에 의해 글로벌 기업가정신Global Entrepreneurship 대통령 대사로 임명되었다. 스페이스엑스SpaceX. 테슬라Tesla를 비롯한 유명 기업의 이사를 맡고 있다. 테슬라 모델 S를 세계 최초로 소유했으며 테슬라 모델 X는 엘론 머스크Elon Musk에 이어 두번째로 소유했다.

95

"루틴을 사랑하라."

젊은 날엔 자신만의 루틴routine을 만들 수 있다면 좋다. 그리고 그 루틴을 평생 사랑하면 성공을 얻게 될 것이다.

내가 가장 싫어하는 것은 내 루틴을 방해받는 것이다. 파워리프팅power lifting 선수인 나를 보며 아버지는 이렇게 말씀하시곤 했다.

"네가 리프팅을 하는 날에는 절대 죽지 않을 거야. 네가 장례식에 참석하지 않을 테니까."

세계적인 선수들 중에는 오후 3시 39분부터 4시 45분까지는 무조건 낮잠을 자는 루틴을 가진 사람도 있다. 그는 이 낮잠을 단 하루도 거르지 않는다.

성공을 원할 때는 '성공'에 초점을 맞춰서는 답이 나오지 않는다. 성공에 이르는 '루틴'을 어떻게 만들 것인지를 고민해야 구체적이고 현실적인 방법을 얻을 수 있다.

루틴을 사랑하면서 남은 힘이 있다면 '친절'을 베풀기 바란다. '친절하라!'는 화가 많고 오직 하나밖에 모르던 내 젊은 시절에 큰 도움을 준 주문이다. 나는 무엇인가가 내 생각과 다를 때마다 얼굴을 찡그렸다. 내향적인 성격이라 속마음을 잘 표현하지 못해서 그랬는지, 인간이 덜 돼서 그랬는지 모르겠다. 후자는 아니었던 것 같다. 적어도 나쁜 마음을 행동으로 옮긴 적은 없으니까.

그러던 어느 날 체육관에서 학창시절 내 신경을 유난히 거슬리게 한 인간을 우연히 만났다. 심호흡을 하며, '친절하라!'는 주문을 떠올리며 그에게 다가가 인사를 건넸다.

"잘 지내? 좋아 보이네. 늦었지만 학교 졸업한 거 축하해!"

그가 웃는 모습을 보였고, 나는 속으로 '맙소사, 이거 정말 좋은 걸?'이라고 생각했다. 오랜 족쇄가 풀린 느낌이었다. 그래서 지금도 될 수 있는 한 느긋한 표정으로 사람들에게 '잘 지내? 반갑다!'라고 인사하며 씩씩하게 다가가려고 노력한다.

하지만 정말 마음에 들지 않는 인간은 어떻게 하냐고?

간단하다. 거리를 두면 된다. 아무리 생각해도 나와 맞지 않는 사람 때문에 에너지를 낭비할 필요 없다. 모두에게 친절을 베풀 필요 또한 없다.

자신의 루틴을 말이 아니라 실천으로 사랑하고, 긍정적인 대화를 나눌 수 있는 사람에게 친절을 베풀면 삶은 말할 수 없이 좋아진다.

에드 코언 Ed Coan

역사상 최고의 파워리프터로 평가받는다. 그는 71회가 넘는 파워리프팅 세계 신기록을 세웠다. 파워리프팅 역사상 가장 가벼운 체중으로 데드리프트와 벤치 프레스, 스쿼트에서 총 2,400파운드의 장벽을 넘은 인물이다.

96

"경기장에 나가라."

25살이 됐을 때 나는 세상을 구하고 싶었다.

가장 먼저 아프리카 대륙부터 시작하겠노라 생각했다. 내게는 세상에 나눠줄 능력이 많다고 확신하면서 월 스트리트의 직장을 그만두었다. 하지만 곧 깨달았다. 대부분의 사람들은 구원을 원하지 않는다는 사실을.

당시 내게 필요한 능력은 현실성 없는 이상적인 해결책을 제시하는 게 아니라 사람들의 '신뢰'를 쌓는 것이었다. 새로운 세상을 여는 데 핵심 열쇠는 '도전'과 '겸손'의 조화였다. 겸손은 변화를 만들고자 하는 사람에게 반드시 요구되는 능력이다(겸손은 미덕이 아니다).

시인 라이너 마리아 릴케Rainer Maria Rilke는 이렇게 말했다.

"질문하는 삶을 살라."

겸손을 통해 신뢰를 쌓고, 매일 그 신뢰를 점검하는 질문을 던지면 당장에는 답을 찾기 어려워도, 언젠가는 반드시 지혜의 답으로 들어갈 수 있다는 사실을 우리는 기억해야 한다.

이 같은 내 경험을 통해 나는 젊은 학생들에게 다음과 같이 말해주고 싶다.

직업에 대해 너무 걱정하지 마라.

특히 졸업을 하고 난 후 갖게 되는 첫번째 직업에 대해 젊은 사람들은 지나치게 긴장한다. 당연하다. 나도 그랬으니까. 입사 이튿날부터 고민이 쏟아진다. 이 직장이 오래 몸담을 가치가 있는지, 더 나은 선택을 할 수도 있지 않았는지, 상사들은 괴물 같고 동료들은 호시탐탐 뭔가 노리는 것 같고…

다시 말하지만, 너무 걱정하지 마라.

일단 시작해서 일을 통해 가르침을 얻는 것이 중요하다. 처음엔 누구나 아무것도 모르지만, 한 걸음씩 나가다 보면 누구나 자신이 어떤 사람이 되고 싶고, 무엇을 하고 싶은지 더 잘 알게 된다. 완벽한 직업을 기다리면서 모든 선택권을 열어두기만 한다면, 결국은 선택권밖에 남지 않는다.

오래 달리려면 첫 걸음을 내딛어야 한다.

경험이 선물하는 것들을 음미하라. 내일은 내일의 태양이 뜰 것이다. 이런 세상에서 가장 중요한 것은 일단, 경기장에 나가는 것이다.

재클린 노보그라츠 Jaqueline Novogratz

새로운 빈곤 퇴치 방식을 위해 노력하는 기업과 리더, 아이디어에 투자하는 자선기금을 모으는 단체 아큐먼Acumen의 설립자이자 CEO다. 록펠러 재단 사회공헌 부문에서 일했고 르완다에 소액대출 은행을 세우기도 했다. 하버드 비즈니스스쿨 사회기업 이니셔티브Social Enterprise Initiative의 이사로도 활약하고 있다.

97

"확실한 것들을 쌓아라."

내가 정말 확실히 아는 것의 목록을 늘려나가는 작업은 인생에 매우 유용하다.

대학 졸업 후 다방면에 걸친 수업과 직장생활을 통해 내 삶엔 유용한 기술이 잔뜩 쌓였다. 24살이 되었을 때 내게는 벌목꾼, 작가, 현장 생물학자, 상업 사진작가, 육군 장교, 박물관 전시 연구원, 멀티미디어 아티스트로 먹고 살 수 있는 기술이 있었다. 나아가 거의 무일푼으로 행복하게 사는 법도 배웠다. 결국 그 직업들을 선택하지는 않았지만 이 기술들은 무엇을 하든 큰 도움이 되어주었다.

지금 와서 돌아보면, 대학에서 과학(생물학)을 전공한 것은 행운이었지만 인류학과 연극(내향적인 사람들에게 필요하다)을 공부했으면 하는 아쉬움이 남는다. 2년에 걸친 육군 장교 복무 경험은 대학원에서 공부를 한 것보다 결과적으로 내게 더 유익했다.

배울 수 있을 때 배워라.

시간도 없고, 돈도 없을 때가 배움의 적기다. 나이가 들면 배우는 데 많은 비용을 치른다. 머리가 빠르게 돌아가고 열정이 창창한 젊은 시절엔 무엇이든 배움이 되고 무엇이든 빨리 익힌다.

나이 든 사람이 젊은 사람을 부러워하는 가장 큰 이유가 여기에 있음을 기억하라.

스튜어트 브랜드 Stewart Brand

스탠퍼드 대학교에서 생물학을 공부했고, 인류의 '1만 년 후'를 설계하는 롱 나우 재단Long Now Foundation의 회장이다. 통신용 비둘기, 털매머드 등 멸종된 종을 부활시키고자 하는 리바이브 앤드 리스토어Revive and Restore 프로젝트를 이끌고 있다.

98

"지금 하라, 나중에도 쉽지 않다."

    2002년 대학을 졸업한 후 나는 테드 케네디_{Ted Kennedy} 의원의 인턴으로 일하기 위해 워싱턴으로 건너갔다. 정치는 내 마음을 설레게 했고, 내가 원하는 직업을 제공할 것이라는 사실을 알았다.

    인턴 기간이 끝난 후 나는 워싱턴 정가에 남아 닥치는 대로 구직활동을 했다. 그런데 민주당이 중간선거에서 완패하면서 내가 이력서를 낸 일자리의 절반이 사라져버렸다. 그래서 무보수로 인턴을 계속 했다. 그러다가 다시 케네디 상원의원의 사무실에서 방문객을 응대하는 일을 해보지 않겠느냐는 전화를 받았다. 몇몇 사람들이 추천서를 써주고, 면접을 보면서 합격할 것이라 자신했지만 나는 떨어졌다.

태어나서 가장 큰 충격과 좌절을 맛봤다. 하지만 그 충격과 좌절이 없었더라면 훗날 버락 오바마 상원의원 캠프에 들어가지 못했을 것이다. 그때 합격해 자신감이 하늘을 찔렀더라면, 내 인생도 지금과는 많이 달라졌을 것이다.

실패는 끝이 아니다. 실패는 새로운 삶을 열어주는 입구다.

지금껏 내가 한 가장 똑똑한 투자는 소중한 경험을 위해 돈 잘 버는 일자리를 포기한 것이다. 선거운동 캠프에 들어간 것도 그중 하나였다. 돈도 벌지 못하고 하루 종일 일해야 한다. 그리고 선거에서 지면 곧장 실직자 신세가 된다. 하지만 배움을 위한 단기간의 희생이 내 인생에서 가장 똑똑한 선택이었다.

2년 동안 빈털터리였던 터라 낡은 에어 메트리스에서 잤다. 그 매트리스는 나를 따라 세 개 주(노스캐롤라이나, 일리노이, 아이오와)를 떠돌았고, 아침에는 절반쯤 꺼져서 엉덩이가 바닥에 닿았다. 은행 계좌는 수없이 마이너스 상태가 되었지만, 결코 돈으로도 살 수 없는 값진 경험을 했다.

그러니 젊은 그대여, 돈 벌 걱정은 하지 마라. 계획이 꼭 있어야 한다고 압박을 받지도 마라. 인맥을 쌓아야 하고 늘 다음 단계를 준비해야 한다는 강박도 껴안고 살지 마라. 그저 그대가 좋아하는 일을 찾기 위해 최선을 다하라. 교과서 같은 얘기로 들리겠지만, 이것이 내가 줄 수 있는 조언의 전부다.

놀라울 만큼의 정말 많은 사람들이 열정을 느끼는 직업을 절대 찾지 못하는 게 현실이다. 오직 주말만 기다리며 매일 소모적으로 고군분투할 뿐이다. 열정을 따라가는 것은 나중에도 결코 쉽지 않다는 사실을 명심하라.

지금 열정을 따라가라.

토미 비터 Tommy Vietor

약 10년 동안 버락 오바마 대통령의 대변인으로 일했다. 2011년부터 2013년까지 국가안전보장회의National Security Council의 대변인으로 모든 외교정책과 국가 안전 문제에 관해 대표적으로 미디어와 접촉하는 역할을 했다. 시카고 대학교 정치학연구소의 방문 연구원이었고 2014년 〈캠페인 앤드 일렉션Campaigns and Elections〉이 선정한 '세계 최고의 커뮤니케이터 10인'에 이름을 올렸다.

66

사람들이 아이디어를 훔칠까 봐 걱정할 필요 없다.
정말 독창적인 아이디어라면 목구멍에 쑤셔 넣어줘도 받아먹지 못할 테니까.

99

_하워드 H. 에이컨Howard H. Aiken

66

누구에게 공이 돌아갈지 신경 쓰지 않을 때
얼마나 많은 일을 이룰 수 있는지 보면 놀랍다.

99

_해리 트루먼Harry Truman

"위대함은 동사다."

매일 아침 나는 내가 가진 잠재력 근처에도 가지 않았다는 믿음으로 일어난다. 따지고 보면 이건 믿음이 아니라 팩트fact에 가깝다. 내 안에 잠재된 가능성을 완벽하게 폭발시킨 적이 별로 없으니까.

하지만 나는 '위대함'은 완성태가 아니라 영원히 진행 중인 '동사動詞'라는 굳건한 각성을 통해 잠에서 깨고 하루를 계획한다. 그래야만 엄청난 파도가 기다리고 있는 하루를 내가 가진 잠재력 근처에라도 가보고자 최대한 노력하며 보낼 수 있기 때문이다.

젊은 독자들에게 위대함은 마지막 종착지가 아니라는 사실을 꼭 알려주고 싶다. 위대함이란, 매일의 노력으로 끊임없이 쇄신해 더 나은 자신이 되기 위해 쏟아 붓는 작은 행동이다. 더 나은 자신이 되기 위한 노력보다 더 중요한 것은 세상에 없다.

잠재력을 온전하게 발휘하려면 위대한 행동을 하라.

'위대한 사람이 되겠다'는 목표를 아무도 선택하지 않는 시대에, 위대함은 가장 큰 경쟁력이 되어줄 것이다.

모리스 애슐리 Maurice Ashiley
미국계 흑인 최초로 체스에서 인터내셔널 그랜드마스터 랭킹을 획득했다. 코치, 작가, 앱 디자이너, 퍼즐 발명가, 동기부여 강사로 큰 명성을 얻었다. 2016년 미국 체스 명예의 전당에 헌액되었다.

100

"지혜를 의심하라."

안타깝게도 지혜롭고 훌륭한 조언들은 거의 언제나 일회적 경험을 통해 만들어진다. 영원히 불변하는 가치로 축적되기엔 제한이 따른다. 한 사람의 아주 특별한 경험이 만들어낸 이야기가 모든 이에게 적용되기란 매우 어렵다.

유명한 사람들의 대학 졸업 축하 연설문을 조금만 읽어봐도 연사들의 이야기가 각각 저마다 고유하다는 사실을 알 수 있다. 오랫동안 오로지 하나의 아이디어에 전념함으로써 성공한 기업가가 있는가 하면 축을 중심으로 열심히 회전한 기업가도 있다. 훌륭한 인생 계획을 설계해서 성공한 개인이 있고, 의도적으로 즉흥성을 추구해 멋진 삶을 얻는 개인도 존재한다.

그러니 이제 막 사회 경력을 쌓기 시작한 젊은 사람들은 '보편성으로 가장한 특수성'을 가장 경계해야 한다. 다른 사람의 성공 스토리가 고스란히 내 삶에 적용될 리는 만무하다. 화려하게 말하는 사람보다 담백하게 말하는 사람, 파란만장한 삶을 산 사람보다 단순하게 살아온 사람에 더 주목하도록 하라.

가장 탁월한 지혜와 조언은 세상에 아직 나오지 않았음을 기억하라.

존 아널드 John Arnold

로라 앤드 존 아널드 재단LJAF의 공동 회장이다. 사회와 정부, 경제 시스템을 강화해 개인의 삶을 개선시키는 것이 LJAF의 주요 목적이다. 수십억 달러 규모의 헤지 펀드인 켄타우루스 에너지Centaurus Energy의 창립자이자 CEO였던 존은 2012년에 은퇴를 발표해 월스트리트를 충격으로 몰아넣기도 했다. 밴더빌트 대학교를 졸업했고 세계 온난화 가스 배출을 줄여주는 혁신적 기술에 투자하는 브레이크스루 에너지 벤처Breakthrough Energy Ventures의 이사로 일하고 있다.

101

"초월하라."

내 인생 최고의 투자는 1973년 7월 1일, 학생 할인가로 35달러를 내고 초월 명상을 시작한 것이다.

인도의 성자 마하리시 마헤시 요기Maharishi Mahesh Yogi의 말을 따르고, 그에게서 초월 명상을 배우고, 규칙적으로 명상하라. 괴로움을 없애주고 행복과 성취감을 줄 것이다.

비관적인 생각과 비관적으로 생각하는 사람은 무시하라. 행복과 성취감을 삼키고 괴로움을 뱉어낼 것이다.

명상하는 자는 당해낼 재간이 없다.

데이비드 린치 David Lynch

〈트윈 픽스〉〈엘리펀트 맨〉〈블루 벨벳〉〈나를 찾아줘〉 등을 만든 세계적인 영화감독이다.
칸 영화제에서 황금종려상을, 베니스영화제에서 황금사자상을 수상했다.

102

"타인과 연결하라."

많은 사람들이 '자신의 열정을 따르라'는 클리셰를 믿는다. 이건 끔찍한 조언이다.

자신에게 어떤 재능이 있는지는 쉽게 파악할 수 있는 게 아니니까. 배움과 성장을 추구하면서 타인과의 연결을 통해 내가 누구인지를 알아나가는 방법이 지혜롭다.

사람들은 당신을 도와주거나 같이 일하고 싶어 하거나, 둘 중 하나다.

하지만 당신이 너무 통제권을 쥐고 있으면 그건 불가능한 일이 된다.

권한을 내려놓고 자유롭게 타인과 연결될 수 있는 노력을 하

라. 그러다 보면 귓가에 열정이 다가와 '이제 준비됐어'라고 속삭일 것이다.

열정이 나를 따르게 해야 한다.

크리스 앤더슨 Chris Anderson
TED 대표 겸 총괄 큐레이터.

"바닥을 치고 단숨에 뛰어올라라."

젊은 시절에는 다음 한 가지만 기억하라.

바닥에서 시작해 위로 올라간 사람들이 이 세상엔 정말 많다는 것.

그러니 현재 자기 분야에서 바닥에 있다고 해서 나쁜 것만은 아니다. 올라갈 일만 남았으니까. 중요한 건 바닥을 어떻게 '터치'해야 다시 빠르게 위로 다시 떠오를 수 있느냐다. 바닥에 가라앉을 때와 다시 솟구쳐 올라올 때의 속도가 같아서는 안 된다.

물속을 생각해보라.

바닥까지 가라앉을 때는 누구나 천천히 가라앉는다. 이는 바닥이 어디인지 충분히 살피고 점검하라는 자연의 뜻이다. 하지만 올라올 때는 천천히 올라오지 못한다. 반동이 약하면 다시 가라앉기 때문이다. 다시는 바닥에 떨어지지 않겠다는 각오로 있는 힘껏 바닥을 밀어내야 한다. 단숨에 목표한 상위 지점에 도착해야 한다.

위로 올라갈 때는 모두가 그렇게 해야 한다.

누가 뭐라고 부추기건, 비웃건, 사실은 그게 아니라고 하건, 절대 믿지 마라. 물속에선 오직 내 목소리만을 믿어야 한다.

충분히 바닥을 살핀 후 단숨에 뛰어올라라.

다라 토레스 Dara Torres

미국에서 가장 빠른 수영 선수다. 14살에 처음 국제 대회에 출전했고 몇 년 뒤인 1984년에는 올림픽에 출전했다. 2008년 베이징 올림픽에서 41살의 그녀는 최고령 선수였지만 3개의 은메달을 땄다. 올림픽에 총 5회 출전해 12개의 메달을 땄다.

104

"무표정을 배워라."

20대는 걱정이 많은 나이이니 마음껏 걱정을 해도 된다. 다만 걱정하는 것처럼 보이지는 마라. 고민에 휩싸인 얼굴을 하는 순간 당신 삶의 여정을 방해하는 온갖 제안이 밀려들 것이다. 미래를 바꾸려면 반드시 우리 회사에 다녀야 한다는 둥, 보험을 들어야 한다는 둥, 피트니스를 배워야 한다는 둥, 자동차를 사야 한다는 둥…

젊었을 때 무표정한 얼굴을 만드는 노력을 하라. 자신감과 단호함에 찬, 아무리 쳐다봐도 읽히지 않는 얼굴을 만들면 사는 데 매우 효과적이다.

또한 어떤 게 맞는지를 가르는 '시비 게임'에 휩쓸리지 마라.

이것처럼 소모적인 것도 없다. 옳고 그름을 확인하는 걸 서두르지 말고, 무엇이든 배우는 것을 서둘러라.

　마지막으로 말하건대, 너무 많은 것을 바라지 마라. 그러면 더 많이 얻게 될 것이다.

에반 윌리엄스 Evan Williams

블로거와 트위터, 미디엄의 공동 설립자. 1999년 파이라 랩Pyra Labs을 설립해, 블로그 출판 서비스인 '블로거'를 만들었다('블로거'라는 신조어의 창시자다). 블로거는 2003년 구글에 인수되었다. 2006년 에반은 트위터를 탄생시켰고 CEO를 지냈다. 현재는 온라인 출판 플랫폼 '미디엄'의 CEO로 있다.

105

"나르시시스트를 골라내라."

30대에 내가 어쩔 수 없이 받아들인 인생 교훈이 있다. 절대 정신 나간 사람들과는 일하지 말아야 한다는 것이다 .

물론 개방적이고 수용적인 태도로 친구를 사귀어야 한다는 것은 언제나 진리다. 하지만 일에서는 예외다. 상대와 긴밀하게 공조해야 하는 탓에 언제나 상대의 건강 상태가 매우 중요해진다. 특히 정신 건강은!

정부가 우리의 세금을 도둑질한다고 말하는 사람, 오직 채식을 해야만 건강에 더 좋다고 믿는 사람들은 중요한 결정을 내릴 때 신뢰할 수 없는 심각한 판단력 부족을 나타낸다. 일과 삶에서 관점이 다양한 사람들과 어울리는 것은 마땅히 칭찬할 만한 일이고, 나 역시 그러려고 노력한다. 하지만 어느 순간 대화가 '극단적인 것'에서 '정신 나간 것'으로 넘어간다. 극단적인 것과 정신 나간 것의 차이를 파악하는 것이 매우 중요하다.

가장 멀리해야 하는 대상은 '나르시시즘narcissism'에 젖어 있는 사람들이다. 자기애가 너무나 넘치는 그들은 필연적으로 정치적이다. 자신이 더 높은 자리에서 일해야 한다고 생각하고, 자신을 인정하지 않는 건 커다란 조직의 손실이라고 강건하게 믿는 사람들을 곁에 두지 마라. 그들의 중요한 특징은 그 증상이 점점 더 심해진다는 것이다.

그리고 직장을 다닐 때는 반드시 월급을 받아라. 일하다 보면 아직 서투르다고, 실수를 많이 해서 급여는 받을 수 없다고 생각하는 젊은 친구들을 생각보다 훨씬 많이 만난다. 절대 그래선 안 된다.

급여를 산정하는 기준엔 당신의 실수 값도 모두 포함되어 있다. 급여를 가볍게 여기면, 훗날 타인을 고용했을 때도 급여 지급에 대해 희미한 개념을 가지는, 숫자 감각에 아주 무능한 경영자가 되고 만다.

마지막으로 건강한 삶을 위해 한 마디만 더 조언해보자.

하루라도 젊을 때 설탕을 끊어라. 탄산음료와 주스에 관한 경고, 식단에 관한 수없이 많은 조언들은 설탕 앞에선 모두 시 끄러운 소음일 뿐이다.

브람 코헨 Bram Cohen

P2P 파일 공유 프로토콜 비트토렌트BitTorrent의 발명가다. 2005년 〈MIT 테크놀로지 리뷰〉가 선정한 '세계 최고의 35세 이하 혁신가 35인'에 포함되었다.

106

"시선을 마주쳐라."

매일을 살아 있는 걸작을 만들 수 있는 기회로 생각하기 바란다.

우리는 생각보다 삶에 대한 큰 주도권을 쥐고 있다. 삶의 경험은 우리가 창조 혹은 공동으로 창조하는 것이다. 그렇기에 매일 하루는 지금 이 순간에 완전히 몰입할 수 있는 새로운 기회다. 지금 이 순간에 모든 잠재 가능성이 드러나고 표현된다. 살아 있는 걸작은 캔버스에 그리거나 글에 새기거나 펜으로 쓰는 것이 아니다. 그것은 통찰과 지혜를 추구하고 이를 응용해 표현하는 것이다.

하루를 걸작으로 만들기 위해선 다른 사람의 성장에 투자해야 한다.

서로 시선이 마주칠 때 뭔가 성공적인 것들이 태어난다. 타인의 시선을 외면하거나 피하는 사람은, '이어짐'이 주는 엄청난 기회를 얻지 못한다. 의식적으로 시선을 마주친다는 것은 불편한 감정을 준다. 하지만 이 불편함을 피하는 데 중독되다 보면 사람과 사람의 관계를 통해서만 획득되는 진실하고 아름답고 선한 것을 경험할 수 없다.

시선을 마주칠 때 높은 성과가 하루의 캔버스에 그려지고, 삶의 의미와 목적, 잠재력이 온전하게 드러난다.

마이클 저베이스 Michael Gervais

인간의 하이퍼포먼스를 연구하는 심리학자다. 올림픽 금메달리스트, 세계 신기록 수립자 등과 함께 일하며 탁월한 명상과 마음 챙김 수련법을 제공하는 일을 하고 있다.

107

"체크리스트를 만들어라."

기업가 헨리 포드Henry Ford는 이렇게 말했다.

"장애물이란 목표 지점에서 눈을 돌릴 때 나타나는 무서운 것이다."

20대에 대학교 강의실 벽에 누군가 써놓은 이 말을 나는 평생의 가르침으로 삼아 살아왔다. 육류 가공 기업에서 근무했던 나는 일을 하면서 최고의 공장 관리자도, 최악의 경영자도 만나봤다. 최악의 경영자는 내가 이겨내야 할 장애물이었다.

그래서 나는 '프로젝트 충성도'라는 체크리스트를 만들었다. 내가 함께 일하는 사람들에 대한 불평을 늘어놓지 않고, 컨디션이 좋지 않다는 핑계를 대지 않고, 일탈의 자유는 젊은 날의 특권이라는 허무맹랑한 생각에 기대지 않고 오직 지금 하고 있는 프로젝트에 얼마나 전념하고 있는지를 내 나름대로 점검하는 리스트였다.

내가 이룬 성과들은 모두 이 체크리스트 덕분이었다. 목표에서 자꾸만 달아나려고 할 때마다 체크리스트는 나를 각성시켰다. 내가 지금 왜 여기에 있는지, 여기서 최악이든 최고이든 왜 사람을 만나고 있는지, 내가 왜 이 일을 하는지에 대한 근본적인 점검을 가능하게 이끌었다.

무엇이든 체크리스트를 만들어보라.

훌륭한 양식 같은 것은 존재하지 않으니, 스스로 만들어보라.

체크리스트에서 높은 점수를 따는 즐거움과 성취감을 누리면서 더 큰 즐거움과 성취감으로 전진하게 될 것이다.

템플 그랜딘 Temple Grandin
동물 행동 분야의 권위자이자 콜로라도 주립대학교 동물학 교수다. 동물 복지와 가축 하역 시스템 디자인 컨설팅 분야에서 성공적인 커리어를 쌓았다. 그녀의 2010년 TED 강연 '세상에는 모든 마음이 다 필요하다The World Needs All Kinds of Minds'는 조회수 500만 건을 돌파했다.

108

"한계치를 사랑하라."

크로스핏 선수라고 나를 소개하면 사람들은 내가 조금이라도 더 빨리 달리고, 스쿼트나 팔굽혀펴기 숫자를 늘리려고 하는 등 신체적인 단련에만 집중할 것이라고 무의식적으로 생각한다.

일견 맞는 말이다. 하지만 최고 수준에 있는 선수들 사이에서 승부를 가르는 것은 '마음'이다.

장시간 한계치에 머무르는 데 필요한 것은 강인한 체력보다는 강인한 정신이다.

나는 이 '한계치'라는 단어를 사랑한다. 이 지점에서는 마법 같은 일이 생긴다. 좀처럼 벗어나지 못하면서 말도 할 수 없고,

조금씩 몸이 쳐지지만 그래도 어떻게든 버틸 수 있는 지점이다. 그러다가 어느 순간 강렬한 도약이 일어나면서 눈앞에 신세계가 펼쳐진다.

한계를 극복한다는 것은 한계를 이긴다는 뜻이 아니라 '최대 한계치에서 버티는 것'을 의미한다는 것을 알았을 때 비로소 나는 세계 최고 선수들과 경쟁할 수 있었다.

이 같은 극한의 상황을 몇 번 벗어나는 경험을 하고 나면 승리에 필요한 게 무엇인지 무척 단순해진다.

승리하려면 '훈련'에 집중하면 된다. 훈련에 의문을 품을 때 패배한다.

산다는 것 또한 '한계치'에 머무는 것과 같다. 정말 재미없고 한 톨의 힘도 남아 있지 않을 때가 인생에서 가장 중요한 순간이다. 의식적으로 벗어나려고 하면 한계치 밑으로 떨어질 것이다. 훈련을 통해 끝까지 버티면 내가 경험한 신세계로 이동하게 된다.

하고 싶을 때 체육관에 가서 열심히 하는 것은 누구나 할 수 있다. 정말 끔찍하게 하기 싫을 때 하는 사람이 되어라. 성공하려면 이런 독보적인 길을 가야 한다.

한계치에서 버틸 때는 '내가 이걸 버텨야 하는 이유'를 떠올리도록 하라. 내게는 언제나 지켜보고 계신 친할머니가 그 이유다. 훈련을 위해 고향 아이슬란드를 떠나올 때 할머니는 "언제나 네 곁에 있을 거야"라고 약속하셨다. 2015년 돌아가셨지만 언제나 할머니가 나를 지켜보고 있음을 나는 알고 있다. 특히 한계치에선 할머니의 존재가 생생하게 느껴진다.

마지막으로 진정한 승리란 '최선을 다한 상태'임을 기억하라.

최선을 다한다는 것이 쉽게 느껴지는가? 절대 그렇지 않다. 가진 것을 모두 쏟아 부어야 하는 일이다.

최선을 다해 한계치에서 버틸 때 당신은 매일 승리를 만끽할 것이다.

카트린 타니아 다비드스도티르 Katrin Tania Davidsdottir
아이슬란드 출신의 세계적인 크로스핏 선수다. 2015년과 2016년 크로스핏 게임CrossFit Games 여성 챔피언에 오르면서 '지구상에서 가장 핏한 여성'이란 타이틀을 얻었다.

109

"성과 코치를 영입하라."

대학을 졸업하고 사회에 진출하면 '자기 자신이 되어라'는 말을 자주 접하게 된다. 나 자신을 사랑하고, 나의 내면에서 들려오는 목소리에 귀 기울이라는 조언을 수없이 받았을 것이다. '자신이 되어라'는 물론 맞는 말이다. 하지만 젊은 시절엔 발전을 방해한다.

자신이 되기에 앞서 자신을 '발견하는' 일이 먼저다.

나 자신이 어떤 사람인지를 충분히 관찰하라. 그러면 자연스럽게 열정이 생기고 자신이 되는 일에 열중하게 될 것이다.

또 한 가지 당부하고 싶은 건 언제나 '성과 코치'를 영입할 준비가 되어 있으라는 것이다. 탁월한 성과를 올리려면 현명한 코치가 곁에 있어야 한다. 유의할 점은 코치와 멘토는 다르다는 것이다.

코치는 당신에게 초점을 맞춘다. 멘토는 멘토 자신이 우선이고 당신은 두 번째다. 그리고 좋은 코치는 단순히 큰 그림에서 조언을 해주는 멘토와 달리 당신의 개선을 위해 구체적으로 설계된 해결책을 제공한다.

코치가 맞고 멘토가 틀리다는 게 아니다.

당신을 가장 잘 아는 사람을 코치로 영입하고, 당신이 가장 알고 싶은 사람을 멘토로 삼으라는 것이다. 책을 멘토로 삼는 것도 훌륭한 방법이다.

마지막으로 전문 분야를 찾으려고 너무 애쓰지 마라. 우선은 배우는 것이 중요하다. 나중에 알아야 할 것은 그때그때 얼마든지 알아낼 수 있다.

노력의 많은 부분을 지혜로운 코치를 찾는 데 써라.

애덤 피셔 Adam Fisher

2008년 금융회사 커먼웰스CommonWealth를 설립한 후 최고운용책임자를 맡아 전 세계 기업들에 투자하면서 명성을 얻었다.

110

"압박은 매력적인 에너지다."

힘든 상황에 놓였을 때는 스트레스가 나를 더 강하게 해줄
수 있다는 사실을 떠올려라. 심호흡을 하면서 압도적인 스트
레스 상태가 긍정적이고 애정 가득한 행동으로 바뀌는 시각화
연습을 한다. 스탠퍼드 대학교의 심리학자 켈리 맥고니걸Kelly
McGonigal의 책을 읽어라. 많은 도움을 얻을 것이다.

스트레스를 긍정적인 에너지로 전환하는 법을 배워야 하는
이유는 졸업과 동시에 안전지대에서 벗어나기 때문이다. 진정
호기심을 느끼는 분야를 탐구하려면, 멋진 일을 찾으려면 상상
을 초월하는 스트레스를 감수해야 한다.

삶은 언제나 필연적으로 불투명하고 모호하고 모순투성이

다. 이걸 받아들이는 데 도움이 되는 습관을 키워라. 운동을 하고 낯선 사람과의 대화를 두려워하지 마라. 글쓰기는 말할 필요도 없다. 옳은 답이나 옳은 길을 찾으려 하지 말고, 선택한 길을 어떻게 갈지 생각하라.

당신을 가장 잘 나타내주는 가치는 무엇인가?

어떤 질문을 탐구하고 싶은가?

로라 워커 Laura Walker

미국 전역에서 가장 큰 공영방송인 뉴욕 공영 라디오New York Public Radio의 회장이자 CEO다. 뉴욕 공영 라디오는 그녀의 리더십 아래 청취자가 100만 명에서 2,600만 명으로 늘어났고 1억 달러가 넘는 장기 투자금을 유치했다. 예일 대학교 경영대학원에서 MBA를 받았고 웨슬리언 대학교에서 역사학을 전공했다.

66

어려운 일을 해야 하는 경우에는 반드시 게으른 사람에게 맡겨라.
그는 그 일을 쉽게 할 수 있는 방법을 찾아내기 때문이다.

99

_월터 크라이슬러Walter Chrysler

"

세상에서 보고 싶은 변화는 스스로 이루어야 한다.

"

_마하트마 간디Mahatma Gandhi

111

"모든 걸 할 수 있는 것이 성공이다."

나는 농구선수 스테판 커리Stephen Curry의 말을 좋아한다.

"나는 모든 것을 할 수 있다."

커리쯤 되는 선수라면 '나는 모든 것에 성공할 수 있다'라는 말이 더 어울릴 수도 있겠다. 하지만 모든 걸 할 수 있다는 말만으로도 충분하다. '성공이란 모든 것을 할 수 있는 상태'라고 믿기 때문이다.

클라우딩 컴퓨터 회사 세일즈포스salesforce.com를 창업하고 나는 매일 밤 커리의 말을 속으로 외치며 견뎠다. 그리고 〈포브스〉가 뽑은 세계에서 가장 혁신적인 기업으로 성장한 세일즈포스는 감사하게도 모든 것을 할 수 있는 상태를 내게 선물했다.

세일즈포스와 함께 하면서 잊히지 않는 일이 하나 있다.

일본 지사를 확장하기 위해 도쿄에서 일본우정공사 대표와 미팅을 한 적 있었다. 그는 도쿄역 부근에 있는 마루노우치에 위치한 우정국 본사 건물 옆에 지어지고 있는 새 건물로 나를 데려갔다. 그는 세일즈포스의 정신이 무척 마음에 든다면서 그 건물에 입주할 것을 권유했다. 건물 입구에 세일즈포스의 사명을 붙일 수 있는 기회까지 주었다.

나는 너무 기뻐 건축가와 함께 엘리베이터를 수없이 오르내리며 모든 층을 구경했다. 지진이 일어난 지 얼마 되지 않아 직원들의 반응이 별로일까 봐 맨 꼭대기 층은 패스했다. 중간층의 인간적인 규모가 마음에 들었다. 그런데 이사하고 나서야 테라스가 딸린 맨 꼭대기가 가장 멋진 층이라는 사실을 알게 되었다. 낮은 층과 함께 가장 높은 층을 선택할 수도 있었는데… 그리고 그 건물에 우리 회사 이름을 넣는 것도 사양했다.

이 일은 그후 몇 년이 흘러도 내 머릿속을 떠나지 않았다. 나중에 런던과 뉴욕, 샌프란시스코, 뮌헨, 파리 등 전 세계 사무실 건물에 우리 회사가 주요 입주자로 들어섰을 때야 비로소 나는 그 건물들에 '세일즈포스 타워'라는 이름을 붙였고 맨 꼭대기 층을 반드시 사무공간에 포함시켰다.

내가 왜 이 이야기를 당신에게 하고 있는 것일까?

회사 자랑을 하기 위해서가 아니다. 어떤 기회가 왔을 때는 '최고의 것'을 선택하라는 것이다. 위에서 말한 바와 같이 우리는 모든 걸 할 수 있다. 아직 과분하다거나, 행운 뒤에는 반드시 불운이 따르기 때문에 조심해야 한다고 생각하지 말라는 것이다. 10개를 선택할 수 있는데 5개만 고려하지 말라는 것이다. 100점 만점의 시험에서 80점을 따는 것에 만족하지 말라는 것이다.

우리는 세일즈포스 타워의 맨 꼭대기 층을 개방된 공간으로 놓아두고 '오하나ohana' 층이라고 부른다. 오하나는 하와이어로 '가족'이라는 뜻이다. 우리에게 가족은 직원과 소비자, 파트너, 지역사회가 모두 포함된다. 오하나층은 미팅과 이벤트, 협업 과제의 장소로 사용한다. 모든 직원이 자유롭게 사용할 수 있다. 회사가 사용하지 않을 때는 NGO(비정부기구)와 비영리단체가 사용한다. 샌프란시스코에 있는 세일즈포스 타워의 맨 꼭대기 층은 그 도시에서 가장 높은 층이라 전망이 훌륭하다.

무엇보다 중요한 것은 우리의 젊은 직원들이 가장 높은 곳에 올라 가장 높이 나는 꿈을 꾼다는 것이다. 이보다 더 큰 이익이 회사에 또 있겠는가?

모든 것을 할 수 있다는 말은 모든 최고의 것을 선택할 수 있다는 뜻임을 기억하라.

마크 베니오프 Marc Benioff

자선가이자 세일즈포스의 회장 겸 CEO다. 〈하버드 비즈니스 리뷰〉〈포춘〉〈이코노미스트〉〈포브스〉〈블룸버그 비즈니스 위크〉 등에서 세계 최고의 CEO로 선정된 바 있다. 현재 그는 역사상 100억 달러 이상의 연매출을 올리는 기업용 소프트웨어 기업을 구축한 4명의 기업가 중 한 명이다(나머지 3명은 마이크로소프트의 빌 게이츠, 오라클의 래리 엘리슨, SAP의 하소 플래트너다).

112

"지금 이 순간은 몇 달러일까?"

서른 살 무렵이었던가?

스웨덴에서 3개월간 무급 연구원으로 참여하기 위해 약 1,000달러를 대출 받은 적이 있다. 모국인 파키스탄에서는 아직 훌륭한 수준의 연구 기회가 없었기 때문에 내 목표를 향해 나가려면 유럽이나 미국에서 최고의 연구자들과 일할 필요가 있었다.

1,000달러는 스웨덴에서 석 달 동안 머무르기에는 턱없이 부족한 돈이었다. 하루에 한 끼만 먹었고 사무실에서 비치된 무료 커피와 간식으로 버텼다. 하지만 이 배고픈 과정이 있었기에 나는 프린스턴 대학교 박사과정에 합격했고, 지금껏 510

만 달러의 자금을 유치한 스타트업 창업으로까지 기회가 이어졌다.

모두가 안락한 가정을 돌아간 텅 빈 사무실에 앉아 밤하늘을 올려다보며 나는 문득 다음과 같은 엉뚱한 상상을 했다.

어떤 노인이 지금 사무실 문을 노크하고 들어와 나를 보고 이렇게 말한다.

"이봐, 젊은이. 내가 당신의 젊음을 사겠네. 얼마에 팔겠는가?"

나는 머리를 이리저리 굴리다가 답한다.

"2,000달러만 주시면 팔겠습니다."

2,000달러? 20만 달러, 200만 달러도 아니고 고작 2,000달러?

당시엔 그랬다. 2,000달러면 하루 두 끼는 먹을 수 있을 테니까. 나는 상상에서 깨어나 쓸쓸한 웃음을 지었다. 그렇게 몹시도 힘겨운 청춘을 보내고 있었다.

그러다가 시간이 흘러 태어난 지 6개월이 된 딸아이를 안고 있을 때 문득 오래된 질문이 다시 떠올랐다.

"먼 훗날, 지금 이 순간으로 돌아올 수 있다면 얼마를 내겠는가?"

내 답은 "얼마든지!"였다. 돌아올 수만 있다면 목숨을 내놓고서라도 딸아이 곁으로 돌아올 터였다.

당신이 2,000달러에 팔 수도 있는 힘겹고 외롭고 쓸쓸한 젊음을 어떤 사람은 목숨을 걸고서라도 원한다는 사실에 힘과 위안을 얻기 바란다.

당신의 지금 이 순간이 가격을 매길 수 없는 가치임을 시시각각 더 생생하게 깨달으며 분투하기를 진심으로 바란다.

무니브 알리 Munieeb Ali

이용자들이 직접 데이터를 통제할 수 있는 새로운 탈중앙화 인터넷이자 원격 서버 없이 운영되는 앱인 블록스택Blockstack의 공동 창업자다. 프린스턴 대학교에서 분산 시스템을 전문으로 하는 컴퓨터공학 박사학위를 받았다. 와이 컴비네이터를 거쳐 프린스턴의 시스템 연구 그룹과 세계 최초 및 최대 클라우드 컴퓨팅 테스트 플랫폼인 플래닛랩PlanetLab에서 일했다. 그가 발표한 연구 논문은 900회 이상 인용되었다.

113

"머리를 맞대는 법을 알라."

성공적인 커리어를 쌓는 데 가장 필요한 것은 의사소통 능력이다. 이것의 중요성을 깨닫지 못하면 그만큼 큰 피해를 입는다. IBM과 찰스슈와브Charles Schwab에서 보낸 첫 20년 동안 나는 형편없는 커뮤니케이터로 악명을 떨쳤다. 미숙한 의사소통이 얼마나 큰 손해를 인생에 가져오는지 혹독한 대가를 치르고서야 배웠다.

다행인 것은 대가를 치르고 배운 게 있어 그다음부턴 조금씩 더 나아졌다는 것이다. 커뮤니케이션 능력이 없으면 좋은 성과를 올릴 수 있는 어떤 방법도 없다. 발군의 실력을 갖췄다 할지라도 형편없는 의사소통은 일 자체를 방해하고, 사람들 사이에 무의미한 괴로움만 길어진다.

월급 전부를 주고서라도 좋은 커뮤니케이션 능력을 길러라. 창의력 넘치는 아이디어 또한 당신의 머리가 아니라 당신이 사람들과 대화를 나누는 과정에서 생겨날 때가 더 많다.

내가 이 사실을 좀 더 일찍 알았더라면, 나는 훨씬 더 큰 성공으로 이동했을 것이다.

'대접 받고 싶은 대로 타인을 대접하라'는 말을 책상머리에 붙여놓고 자주 들여다보라. 이 단순한 문장 안에 스무 살, 서른 살 시절에 알아야 할 모든 게 들어 있다.

크레이그 뉴마크 Craig Newmark

웹 선구자, 자선가, 저널리스트이자 사회운동가다. 1995년 그는 샌프란시스코의 예술과 IT 행사 목록을 만들어 친구와 동료들에게 보내기 시작했다. 사람들은 그것을 '크레이그 리스트Craig's List'라고 부르기 시작했다. 이를 바탕으로 '선한 일로 잘 되는doing well by doing good' 것을 우선순위로 삼는 비즈니스 모델로 최소한의 이익만 추구하는 회사를 만들었다.

114

"히어로가 되어라."

어떤 상황이든, 당신이 오직 통제할 수 있는 것은 당신 자신의 반응뿐이다. 그러니 타인의 반응을 살피느라 신경을 쏟지 마라.

살면서 당신이 겪는 문제들은 대부분 1년 후에는 사라진다. 다만 당신이 그 문제에 어떻게 대처했는가는 오랫동안 남는다. 따라서 어떤 상황이든 침착하고 품격 있게 대처하면 대부분 승리할 수 있다. 실패하더라도 크게 타격을 입지 않는다. 품격 있게 대처하면 죄책감에 시달리지 않게 된다. 머릿속으로 상황을 무한 재생하면서 아까운 시간과 에너지를 낭비할 일도 없다.

무엇보다 '높이 날자!'라는 말을 가슴에 안고 살아가라.

이는 아무리 피곤하고 아무리 늦었어도 최선을 다해야 한다는 사실을 일깨워준다. 그저 괜찮은 정도에 안주하지 말라고 당신을 격려할 것이다.

높이 날며 어떤 일을 하든 자선적인 요소를 찾아라. 친절한 동기도 좋고 실제 기부를 해도 좋다. 지금 이 책을 읽고 있는 당신은 성공할 가능성이 높다. 하지만 아무리 성공해도 어떤 식으로든 사람을 돕거나 인류를 개선하지 않으면 무의미하게 느껴진다.

CEO나 기업가가 되려고 하지 마라. 세상에는 너무나 많은 경영자와 리더가 있다.

영웅이 되어라.

당신이 살아갈 세상엔 더 많은 히어로가 필요하다.

휘트니 커밍스 Whitney Cummings
코미디언이자 배우, 작가다. 에미상 후보에 오른 CBS 방영 시트콤 〈투 브로크 걸즈2 Broke Girls〉의 총괄 제작자로 이름을 널리 알렸다.

115

"오래된 것들을 먼저 해결하라."

지금 돌이켜보면, 움직임과 운동이 삶을 가장 크게 개선해주는 것 같다. 나는 14살부터 목에 통증이 심했는데 의사가 초월명상을 권유했다. 그후 명상에 쏟은 시간은 내 인생의 가장 값진 투자였다. 훨씬 자유로웠던 어린 나이에 통증을 치유했기에 어른이 된 후에도 인생에 커다란 긍정적 변화를 시도할 수 있었다.

그래서 나는 20~30대 젊은이들에게 먼저 '고질적인 질환'을 치유할 것을 강력히 권유한다. 증상이 심해지고 나서야 겨우 약을 먹거나 주사를 맞는 방법에서 벗어나 근본적인 치유를 찾아보라. 명상이든 요가이든, 당신에게 꼭 맞는 것이 분명 있을 것이다.

고질적 질환에서 벗어나면 생각보다 훨씬 더 많은 것을 할 수 있는 자유를 얻게 된다. 그때그때 임시처방하면서 이명이나 난청, 위장장애, 비염, 척추 통증 등을 껴안고 살지 마라.

비단 신체의 질환뿐 아니다.

인생 곳곳에 고질적인 것들이 널려 있다. 직장에도, 창고에도, 만나는 사람에게도… 오랫동안 끈질기게 당신을 따라다니는 부정적인 것들을 목록화하고 하나씩 제거해나가라. 몇 년째 하지 못하고 있는 것들도 리스트로 만들어 하나씩 해치워라.

낡고 고질적이고 오래된 것들에 갇혀 있는데, 어떻게 새로운 변화가 일어나겠는가!

지금 당장 밀려 있는 것들을 해치워라.

릭 루빈 Rick Rubin
MTV는 릭 루빈을 가리켜 "지난 20년간 가장 중요한 (음악) 프로듀서"라고 불렀다. 조니 캐시Johnny Cash부터 제이지Jay-Z에 이르기까지 많은 세계 정상급 가수들과 작업했다.

116

"두려워하는 일을 매일 하라."

미국 제32대 대통령 프랭클린 루스벨트의 부인 엘리너 루스벨트Eleanor Roosevelt는 이렇게 말했다.

"두려워하는 일을 매일 하라."

나는 이 말을 생활신조로 삼아 살아간다. 이와 비슷한 버전의 말을 들은 적도 있다.

가장 최근에 들은 것은 '당신이 원하는 모든 것은 두려움의 반대편에 있다'라는 것이다.

레슬매니아(프로레슬링계의 슈퍼볼 경기라고 할 수 있다)가 열린 AT&T 스타디움에서 10만 명이라는 기록적인 숫자의 관중 앞으로 나가기 직전이었다. 아버지와 남편의 커리어 20주년을 기념하기 위해 개최된 행사였고 우리 아이들과 조카들이 링 옆에 앉아 있었다.

존 시나John Cena와 더 락The Rock이 링을 떠나는 순간 경기장 전체가 캄캄해졌다.

내가 공중에 매달린 왕좌에 앉아 천천히 내려와 대사를 읊으면 내 남편 트리플 H가 악당처럼 등장하는 무대가 펼쳐질 예정이었다. 우리 모두는 전지전능한 '권력자들'이라고 칭해졌고 모두가 우리를 향해 고개를 숙여 찬양하기로 되어 있는 퍼포먼스였다.

그런데 경기장이 캄캄해지는 순간 나는 얼어붙고 말았다. 대사가 한마디도 생각나지 않았다. 심장 뛰는 소리가 엄청나게 크게 들릴 지경이었고 목이 꽉 조여왔다. 시한폭탄처럼 스스로 폭발할 것만 같았다.

바로 그때였다.

엘리너 루스벨트의 "두려운 일을 매일 하라"는 말이 떠오른 것은.

지금 앞으로 나가지 않으면 평생 후회할 터였다. 평생 이런 기회를 얻을 수 있는 사람이 얼마나 될까? 심호흡을 하고 바로 눈앞에 펼쳐진 엄청난 수의 관중의 감정과 에너지를 그대로 흡

수했다. 그 순간만큼은 온전히 내 것이었다. 내 인생 최고의 퍼포먼스였다.

며칠 후 7살 막내딸이 집 근처 클라이밍 시설의 큰 그네에서 뛰어내리는 데 마침내 성공했다. 그네가 있는 곳까지 올라가놓고는 번번이 마지막 순간에 포기했던 딸아이가 "준비됐어요!"라고 외쳤다.

아이는 밴드 메탈리카의 〈Am I Evil?〉을 들으면서 마음의 준비를 하고(아빠의 플레이리스트에서 그 노래를 발견하고는 20분 동안 내내 반복해서 들었다) 그네가 있는 약 9미터 위로 올라갔다. 몸에 그네를 장착하고 플랫폼 끄트머리로 그 작은 몸을 움직였다. 결심이 서지 않았는지 뒷걸음질치기 시작했지만 노래를 몇 소절 중얼거리더니 다시 앞으로 나아갔다.

3. 2. 1.

카운트다운을 하고 뛰어내렸다!

멋진 비상이었다.

무사히 착륙한 아이가 외쳤다.

"엄마, 나도 엄마처럼 공중에서 내려왔다고요! 내가 해냈어요!"

아이가 그 느낌을 영원히 기억했으면 한다.

그리고 당신도 두려움을 극복한 기억을 영원히 간직하며 살기를 바란다.

두려움을 이길 때 가장 멋진 일이 생긴다.

스테파니 맥마흔 Stephanie McMahon

월드 레슬링 엔터테인먼트World Wrestling Entertainment, WWE의 최고브랜드책임자다. WWE의 사회적 책임 이니셔티브의 주요 대변인으로 활약하고 있다. 2014년 남편 트리플 H Paul 'Triple H' Levesque와 함께 소아암 퇴치에 앞장서는 코너스 큐어Connor's Cure를 설립했다. 〈애드위크〉는 스테파니를 지난 2년 동안 '스포츠계에서 가장 영향력 있는 여성'에 포함시켰다.

117

"인생은 마지막 날에도 변한다."

먼저, 할 수 있는 최선을 다해 진실하게 살기를 바란다.

가장하지 마라. 내 경험에 비추면, 가장하는 것보다 딱딱한 사람이 훨씬 낫다. 비록 소수에 불과해도 진정한 관심사를 공유하는 교집합의 사람들이 있으면 소중한 인간관계를 가꿔나갈 수 있다. 사람은 나이 들수록 일이나 삶에서 가벼운 인간관계를 견디기가 점점 힘들어지는 것 같다. 그러니 정녕 진실한 관계에만 에너지를 쏟아야 한다.

둘째, 조언을 얻는 것을 쑥스러워하거나 부끄러워하지 말고 끊임없이 멘토를 찾아라. 동시에 타인의 멘토가 되어주어라. 현명한 사람은 늘 학생인 동시에 스승인 삶을 산다.

셋째, 매몰비용을 아까워하지 마라. '몇 년 동안 A를 배웠으니 포기하지 말고 계속 A를 밀고 나가!'라는 조언과 부추김은 무시하라. 바꿀 수 없는 과거의 시간은 너무 강조하고, 얼마든지 변할 수 있는 미래의 시간은 일축하기 때문이다.

대학에 막 입학했을 때 나는 항공우주공학을 전공하고 싶었다. 그래서 학부 기간 동안 기계공학과 응용수학을 동시에 공부하고 박사과정에 올라가면 제어 이론(즉 모든 수학)에 중점을 둔 항공우주공학을 공부하겠다는 계획을 세웠다. 아울러 학부 시절에는 성적 학대를 당한 아이들과 소아암 환자들을 위한 자원봉사에도 적극적이었다.

졸업반이 되었을 때, 공학박사가 되겠다는 계획을 앞에 놓고 나는 고민에 빠졌다. 원래의 계획대로 밀고 나가면 다양한 장학금 제도의 혜택을 받으며 최고의 명문대에서 박사 공부를 할 수 있었다. 그런데 나는 어쩐지 의학이 공부하고 싶어졌다. 의사가 되어 소아암에 걸린 아이들을 돌보고 싶었다.

내가 의학을 공부하겠다고 선언했을 때 교수와 가족, 친구들 등 내가 존중하는 모든 사람이 동시에 내가 미쳤다고 했다. 여기까지 얼마나 힘들게 왔는데 보장된 미래를 변경하다니! 하지만 나는 1년 동안 학점 인정 과정을 거쳐 의대에 진학했다.

그로부터 10년 후, 나는 또다시 상상도 할 수 없는 고민을 하는 시점에 이른다. 10년 동안 몸담은 의학 분야를 떠나 비즈니스 컨설팅 기업에 들어가기로 한 것이다. 이걸로도 모자라 그 후 10년 동안 엄청난 커리어가 변화가 두 번 더 찾아왔다.

변덕이 심해서가 아니다. 몸담았던 일들이 잘 안 돼서도 아니다. 한 가지 일에 평생을 거는 사람도 분명 있지만, 모든 사람이 꼭 그럴 필요는 없다. 나는 여러 번 엄청난 변화를 삶에 기록했지만 한 번도 후회해본 적은 없다. 앞으로도 어떤 변화가 올지 가슴이 설레고 심장이 두근거린다.

멋지게 살고 싶은가?

인생을 마지막 날까지 알 수 없는 것으로 만들어라.

피터 아티아

66

아침에 한 시간을 허비하면 하루 종일 시간에 쫓기게 된다.

99

_유대인 속담

"

모든 행복은 여유로운 아침식사에 달려 있다.

"

_존 건서 Jhon Gunther

"은행 잔고를 늘려라."

남보다 몇 배는 열심히 하라.

물론 좋아하는 일이 직업이라면 그러기가 더 쉽겠다. 하지만 첫번째, 두번째, 세번째 직업까지는 별로 좋아할 수 없을지도 모른다. 괜찮다. 남들보다 최소 두 배 이상은 열심히 하라. 그러면 싫던 것도 좋아지는 매직을 경험할 수 있다.

명심해야 할 것은 은행 잔고를 늘려야 한다는 것이다. 잔고가 없으면 원하는 것을 하기가 매우 어려워진다.

가장 좋은 방법은 타인이 무서워할 만큼 열심히 하는 것이다.

조코 윌링크

"심리 치료를 받아라."

30대에게 줄 수 있는 효과적인 조언 중 하나는 심리 치료를 받으라는 것이다.

나도 치료를 처음 시작했을 때 30대 초반이었다. 비싼 치료비를 대느라 엄청 힘들었다. 하지만 뛰어난 삶을 살려면 상식을 파괴하는 투자가 따라야 한다. 그 당시 마음의 치유는 다른 무엇보다 내게 중요했다. 매달 날아오는 청구서를 볼 때마다 마음이 약간 쓰렸지만 이 투자가 시간이 흐른 후 지금의 내 모습을 이루는 데 실로 막대한 영향을 미쳤다는 건 의심할 여지가 없는 사실이다. 여전히 '좀 더'의 노력이 필요하긴 하지만 심리 치료는 상상할 수 있는 모든 방식으로 내 삶을 변화시키고 구원했다.

과장을 조금 보태면 21세기를 살아가는 사람들 중 마음이 정상 가동하는 사람은 단 한 명도 없다. 그럼에도 몸이 아픈 것에는 민감하게 반응하면서 마음이 아픈 것에는 놀라울 정도로 무감각하다. 마음을 치유하고 회복하는 데에는 선제적이고 예방적인 치료법이 요구된다. 방치하면 점점 돌이킬 수 없는 지경으로 추락하기 때문이다. 따라서 젊은 시절에 심리 치료를 받는 건 인생을 살아가는 탁월한 지혜이지, 숨기거나 부끄러워할 일이 전혀 아니다. 오히려 남들보다 한 발 앞서가는 엘리트를 비롯한 성공하는 사람들이 더 심리 치료에 적극적임을 알면 놀랄 것이다.

치료를 먼저 받아 그 효과를 본 선배로서 다음의 사항들을 알려주고자 한다.

첫째, 일주일에 한 번 치료받는 것으로는 효과를 기대하기 어렵다. 최소 두 번 이상은 치료를 받아야 치료와 치료 사이에 좋은 연속성이 생겨난다. 주 1회 치료는 그냥 '추적 관찰' 같은 느낌이 든다.

둘째, 치료에는 시간이 필요하다. 헌신, 체력, 회복 탄력성, 끈기, 용기 등도 요구된다. 빠른 해결책이 결코 아니다. 하지만 분명한 건 이 치료가 마음의 회복을 넘어 목숨을 구한다는 것이다.

셋째, 상담역에게 모든 걸 솔직하게 털어놓아야 한다. 본모습을 숨기거나, 내가 아닌 다른 사람처럼 행동하거나, 남들에게 보이고 싶은 모습만 보여준다면 회복까지 더 오랜 시간이 걸린다. 솔직한 모습을 보여주지 않을 작정이라면 심리 치료를 받을 필요도 없다. 상담사가 나를 어떻게 생각할지 두렵다면, 그 두려움까지 털어놓아라.

넷째, 역설적으로 들리겠지만, 수치심을 느끼는 걸 전혀 부끄러워할 필요 없다. 심리 치료를 받는 거의 모든 사람이 그런 감정을 느낀다. 치료는 그 감정까지 이해하도록 도와줄 것이다. 먼저 자신의 동기와 불안감을 이해해야만 이 감정들을 가장 건전하고 실질적인 방법으로 본인의 정신과 통합할 수 있다.

다섯째, 친구들 중 누군가가 경험한 심리 치료사나 정신과 의사에게 가는 건 추천하지 않는다(요즘에는 뛰어난 치료사들 대부분이 이 규칙을 준수하긴 한다). 상황이 매우 이상해지고 경계가 모호해진다.

여섯째, 심리 치료를 받으려면 비용이 많이 드는 게 사실이다. 하지만 자신의 본질을 이해하고, 마음에 오래 뿌리박힌 나쁜 습관에서 벗어나고, 부정적인 감정을 극복하고, 과거로부터 자유를 얻고, 더 행복하고 평화로운 삶을 사는 것보다 더 높은 가치가 어디 있겠는가?

마지막으로 좋은 치료사를 찾아라. 상담 분야에서 어떤 교육과 훈련을 거쳤는지, 어떤 글을 쓰고 책을 펴냈는지, 어떤 커뮤니케이션 스킬을 가졌는지를 꼼꼼이 파악해보라. 심리 치료의 핵심은 '대화 요법'이다. 대화를 잘 이끌어가는 사람인지에 초점을 맞춰라.

데비 밀먼

120

"작은 것들이 쌓여 빅뱅을 이룬다."

서른 살 무렵 내 인생에 가장 큰 영향을 미친 책 두 권은 제임스 왓슨James D. Watson의 《이중나선The Double Helix》과 리처드 도킨스Richard Dawkins의 《이기적 유전자The Selfish Gene》다. 이 책들의 매력적인 부분은 삶의 비밀을 설명하는 방식에 일대 혁신을 일으켰다는 것이다. 이 책들을 읽으면 수백만 년 동안 인류를 당혹스럽게 한 '인생이란 무엇인가?'라는 질문에 대한 훌륭한 답을 얻게 될 것이다.

그렇다. 우리가 사는 이유는 '인생이란 무엇인가?'의 답을 얻기 위해서일지도 모른다. 내가 얻은 답은 이것이다.

'그 무엇도 두려워하지 말라.'

일과 직업에서 성공한 사람들 중 대다수는 당신보다 똑똑하지 않다. 자신에게 도움이 되는 기술과 습관을 꾸준히 익힌 성실한 사람들일 뿐이다. 매일 당신의 삶에 기여하는 작은 습관을 찾아라.

일기 쓰기, 명상하기, 산책하기, 낮잠 자기, 거절 잘하기, 달리기…

삶은 우주와 같다.

언제나 작은 것들이 쌓여 빅뱅을 이룬다.

매트 리들리 Matt Ridley

세계적인 작가다. 그의 책은 100만 부 이상 팔렸고 31개 언어로 번역됐다. 상도 여러 개 수상했다. 《붉은 여왕》《이타적 유전자》《생명 설계도, 게놈》《이성적 낙관주의자》 등이 대표작이다. '아이디어들이 관계를 가질 때When Ideas Have Sex'라는 제목의 TED 강연은 200만 명 이상이 시청했다.

121

"인생은 바람처럼 사라진다."

인생은 당신이 생각하는 것보다 빨리 진행된다.

우리는 늘 타인들에게 깊은 인상을 주는 삶을 살고 싶다는 유혹을 가진다. 하지만 이는 잘못된 길이다. 올바른 길은 인생은 짧고, 매일이 선물이며, 자신에게 특별한 재능이 있다는 걸 아는 것이다. 타인의 평가에 내 모습을 맡기지 말라는 뜻이다. 자신에게 좋은 재능이 있다는 걸 아는 것, 그것이 '행복'이고, 그 재능을 잘 찾아내 세상에 제공하는 것이 '평화'다.

다른 사람의 머리에서 나온 신조에 따라 중요한 일을 결정해서는 안 된다. 더 중요한 건, 머릿속에서 들려오는 자기비판의 목소리 때문에 하던 일을 늦춰서는 안 된다는 것이다. 삶의 뼈

아픈 후회는 모두 자신을 의심하고 가차 없이 폄하했을 때 일어난 일을 먹고 자란다.

다시 말하지만 행복하게 살고 싶다면 내 안에서 재능을 찾아내야 한다. 그 재능을 발견해내는 데 성공하려면 스스로에게 친절해야 한다. 타인에게 보여주고자 하는 그런 너그러움을 당신 자신에게 먼저 보여주어야 한다.

인생은 휙, 휙, 바람처럼 지나간다.

자신을 사랑하는 사람만이 지혜로운 이타주의자가 된다.

마이크 메이플스 주니어 Mike Maples Jr.
스타트업에 대한 마이크로캡 투자를 전문으로 하는 플러드게이트Floodgate의 임원이다. 2010년부터 〈포브스〉의 '마이다스 리스트Midas List'에 이름을 올렸고, 〈포춘〉의 '8인의 라이징 스타'에도 선정되었다.

122

"기대에 찬 하루를 살라."

내가 젊은 당신에게 주고 싶은 말은, 날마다 기대하는 게 있
도록 하라는 것이다.

지금 하고 있는 당신의 일일 수도 있고, 퇴근 후 땀 흘려 뛰
는 농구 경기일 수도 있고, 헬스나 달리기일 수도 있고, 요리나
금속공예 공방 수업일 수도 있다. 멋진 이성과의 데이트일 수
도 있다.

그 무엇이든 떠올리면 기분이 밝아지는 뭔가가 꼭 있어야 한
다. 그래야만 당신의 영혼이 늘 갈망을 느끼면서 기대에 찬 순
간들을 더 많이 만들어낸다. 인생은 결과가 아니라 기대감을
거름 삼아 풍요로워진다는 사실을 기억하라.

가장 경계해야 할 것은 '내일을 위해 오늘을 참자'는 태도다. 비록 지금은 가진 것이 없어서 멋진 삶을 누리지 못하지만, 언젠가는 반드시 부자가 되어 떵떵거리고 살겠다는 목표 같은 건 휴지통에 버려라. 그런 날은 오지 않는다. 오늘을 내일을 위한 '디딤돌'로 삼지 마라. 오늘은 오늘이고 내일은 내일이다. 삶의 모든 하루는 각각 독립적이고, 그 모든 하루는 '지금 이 순간'일 뿐이다.

지금 이 순간을 살려면, 자기만의 것을 만들어야 한다. 타인의 경로와 성공의 정의에 의존해서는 안 된다. 자신만의 작은 행복을 찾는 것만이 삶의 유일한 명령이다.

그리고 젊을 때부터 확실한 수입원을 만들어야 한다. '성공하면 돈은 자연스럽게 따라온다'는 말은 유효기간이 지났다. 확실한 소득이 있어야 더 큰 성공에 도전할 수 있다.

특히 당신이 포부가 큰 예술가라면 더욱 그렇다. 당신의 창작 활동을 유일한 수입원으로 만들기 위해 스스로를 압박하는 경우가 많아질 수 있다. 내 경험에 따르면, 이건 불행으로 향하는 길이다.

당신의 예술작품이 당신의 유일한 소득일 경우, 아마도 당신은 돈에 관한 끝없는 압박을 견디다 못해 창의성과 타협하게 될 것이다. 점점 창의적인 요정들과 적대적 관계가 되고 말 것이다. 예술의 길을 걷겠다면 이를 탄탄히 뒷받침할 수 있는 철저한 계획이 있어야 한다. 그래야만 영혼이 가벼워지면서 최고의 작품을 만들어낼 수 있다.

나는 영화를 만들고 책을 쓴다. 이를 위해 예나 지금이나 아이들의 대학 진학을 돕는 일을 하고 있다. 책과 영화가 성공을 거뒀음에도 이 일을 계속하는 나를 사람들은 잘 이해하지 못한다. 하지만 이것만이 글을 쓰면서 거기에 생사가 걸려 있다고 느끼지 않아도 되는, 내가 아는 유일한 방법이다.

소만 차이나니 Soman Chainani

세심한 기획자, 영화 제작자, 〈뉴욕 타임스〉 베스트셀러 작가다. 소만의 첫 작품인 소설 시리즈 《선과 악을 위한 학교The School for Good and Evil》는 100만 부 이상 팔렸고 20개 이상의 언어로 번역되었으며 유니버설 영화사에서 영화화된다. 하버드 대학교를 졸업하고 컬럼비아 대학교의 MFA 영화 프로그램을 수료한 소만은 시나리오 작가 겸 감독으로 일을 시작했고, 그가 만든 영화는 전 세계 150개 이상의 영화제에서 상영되었다.

123

"거의 유일한 진실은 욕실에 있다."

나는 어릴 때부터 계속 명언을 수집해왔다. 명언의 좋은 점은 삶의 다양한 시점에서, 읽을 때마다 각기 다른 느낌과 자극을 준다는 것이다. 그래서 나는 지금도 힘겨울 때는 욕실 거울 앞으로 간다. 거기에는 내가 다닥다닥 붙여놓은 명언들이 있기 때문이다.

오래된 말들을 다시 천천히 음미하면 점점 나는 힘겨움에서 벗어나 원래 자리로 돌아온다. 원래 자리로 복귀한다는 것은 삶의 변함없는 진실을 다시 크게 깨닫고는 비틀거리던 마음을 다시 건강하게 붙들어놓는다는 뜻이다.

삶의 거의 유일한 진실이란 이렇다.

살면서 어느 방향으로 나아가야 할지, 또는 어떤 일에 열정을 품고 있는지 알아내려고 고심하고 있다면 결과나 성과뿐 아니라 활동과 아이디어, 일하는 과정이 마음에 드는 분야에 관심을 기울여야 한다는 것이다.

결과를 통해 유효성을 확인할 수 있는 일에 언제나 마음이 끌리지만, 일하는 과정을 좋아해야만 진정한 성취감을 느낄 수 있다는 사실로 매 순간 돌아올 수 있을 때 비로소 우리는 좋은 삶을 살게 된다.

결과는 자동으로 따라온다.

걱정 말고 매력적인 인생 과정을 소개하는 글들을 욕실 벽에 모아라.

언제나 당신이 원했던 자리로 다시 돌아오게 될 것이다.

아멜리아 분 Amelia Boone

장애물 코스 경주OCR에서 네 차례나 세계 챔피언 자리에 올랐다. '장애물 경주계의 마이클 조던', '고통의 여왕' 같은 별명으로 불리기도 한다. 평소에는 변호사로 일하고 있는 그녀는 〈스포츠 일러스트레이티드〉가 선정한 '세상에서 가장 건강한 여성 50인' 중 한 명이다.

124

"두번째 도전이 최고를 만든다."

20대 시절, 영국 특수부대SAS에 들어가려고 처음 도전한 선발 시험에서 탈락했을 때 나는 정말 큰 충격을 받았다. 그때만큼 뭔가를 얻기 위해 열심히 노력한 적이 없는데, 목표를 이루지 못하자 못 견디게 힘들었다. 하지만 다시 처음으로 돌아가 두 번째 도전을 시도했고 마침내 시험에 통과했다. 시험을 치를 때 평균 120명 정도가 지원하고 그중 4명이 합격하는 치열한 경쟁이었다.

나는 지금도, 아니 평생 절대 잊지 못할 것이다. 내게 합격통지서를 건네준 교관의 말을.

"두번째 도전이었나?"

"그렇습니다!"

"축하하네. 두번째로 통과하는 사람이 늘 최고의 군인이 되는 법이지."

타고난 재능으로 한 번에 성공한 사람보다 실패를 딛고 일어나 다시 도전해 성공한 사람이 최고가 될 가능성이 더 크다는 뜻이었다.

살다 보니, 정말 그랬다.

어떤 도전이든 두번째가 첫번째보다 더 결과가 좋았다. 기본적으로 첫 도전 때보다 더 열심히 달리고 더 강도 높은 연습을 했다. 모두가 불가능하다고 여겼던, 23킬로그램의 짐을 짊어지고 가파른 산길을 3시간 동안 최고 속도로 달렸다. 60분 동안 1초도 쉬지 않고 바벨을 들어올렸다. 한 마디로, 한 번의 실패가 미친 듯한 집중력을 선물한 것이다.

그러니 좌절할 것 없다.

실패만한 인생의 특효약도 없다. 폭풍이 인생을 더 강하게 한다는 사실을 강력하게 품어라.

막 자신만의 삶을 시작하는 젊은이들에게 전하고 싶은 메시지가 하나 있다면 바로 이것이다.

힘든 시기를 피한다고 해서, 힘든 시기가 사라지던가? 평생을 따라다니며 그대로 남는다.

방법은 정면 승부밖에 없다.

폭풍은 당신의 정체성을 분명하게 밝혀줄 것이다. 이를 통해 남들과 당신을 구별할 수 있는 기회를 줄 것이다. 결국 언제나 한층 강해진 모습으로 폭풍을 빠져나오게 될 것이다.

이처럼 결과는 늘 예정되어 있으니, 과정을 즐겨야 한다.

정글이나 사막에 홀로 떨어져 생존하는 훈련을 할 때 나는 어떻게든 그 상황을 끝내고 가족에게 돌아가고자 필사적으로 애쓰곤 했다. 그러다가 문득 그 상황에 처해 있는 것을 너무 두려워한 나머지, 빠져나오는 데만 너무 사활을 걸고 있는 나를 발견했다.

'대체 내가 군인이 된 이유가 무엇인가? 왜 나는 1초라도 빨리 군복과 전투화를 벗으려고 이렇게 안간힘을 쓰고 있는 것일까?'

상황을 받아들이기로 했다. 그러자 말할 수 없이 생각이 가벼워졌고, 어떤 극한 상황에서도 여유를 잃지 않게 됐다.

삶에서 나타나는 좋은 일과 고통스러운 일, 모든 게 특권이다. 서른이 되기도 전에 죽는 사람이 정말 많다는 걸 생각하면 당신은 이미 축복받은 사람이다.

정신을 맑게 갖고, 노력에 집중하고, 더 깊이 파고들면서 절대 포기하지 마라.

'플랜 B' 따위는 생각하지 마라. 대안은 변명에 능한 사람들이나 찾는 것이다. 힘차게 모든 것을 모아 밀어붙여라. 한 번이 안 되면 두 번! 그러면 분명 반대편 끝으로 튀어나가게 된다. 그때 주위를 둘러보면 경쟁하던 사람들이 대부분 사라진 것을 목격할 것이다.

마지막 순간의 '비참함'을 견디지 못하고 다들 포기해버린 것이다.

베어 그릴스 Bear Grylls
야외 생존 및 모험 분야에서 가장 유명한 인물이다. 영국 특수부대에서 3년간 복무했다. 그가 출연해 에미상 후보에 오른 〈인간과 자연의 대결/본 서바이버Man vs. Wild/Born Survivor〉는 추산 시청자 수가 12억 명으로 지구상에서 가장 많이 시청한 TV 프로그램 중 하나가 되었다. 자서전 《베어 그릴스, 뜨거운 삶의 법칙Mud, Sweat&Tears》은 아마존 베스트셀러 1위에 올랐다.

125

"열망을 쫓아내라."

머릿속 한구석을 열어보라.

오래된 열망이 거미줄 속에 잠들어 있을 것이다.

이걸 꺼내는 서른 살이 되어라.

열망은 간직하는 것이 아니다.

열망은 사라지게 하는 것이다.

삶이 가장 빛날 때는

모든 열망이 사라졌을 때다.

열망이 사라지지 않는 한

머릿속 한구석, 거미줄 속에 도사리고 있는 한

당신은 정말 피하고 싶고, 하고 싶지 않았던 일들을
삶의 대안으로 받아들이게 될 것이다.

프랭클린 레오나르드 Franklin Leonard

프랭클린 레오나르드는 "할리우드의 비밀 시나리오 데이터베이스인 '블랙리스트The Black List'의 배후에 있는 사람"이라고 소개된다. 2005년 그는 약 100명의 유명 영화 관계자들을 대상으로, 그해 읽어본 시나리오 가운데 가장 마음에 들었지만 장편영화로 제작되지 않은 게 무엇인지 조사했다. 그후 투표자 수는 영화계 관계자 500명으로 늘었다. 지금까지 블랙리스트에 포함된 시나리오 가운데 300편 이상이 장편영화로 제작되었다. 그리고 이 영화들은 전 세계 박스오피스에서 260억 달러가 넘는 수익을 올렸고 264개의 아카데미상 후보에 올라 그중 48개를 받았다.

126

"지식을 축적하라."

　포커 게임에서 사람들이 흔히 저지르는 실수는 자신이 타인의 생각을 읽을 수 있다고 생각하는 것이다.

　'상대의 눈이 어떻게 움직이는지 주시하라.'

　'상대의 몸짓 신호를 면밀하게 관찰하라.'

　이런 조언은 최악이다. 신체적 신호는 우리가 생각하는 것보다 일관성과 신뢰도가 떨어진다. 포커에서 상대에게 이길 수 있는 유일한 방법은, 수학 이론에 대한 탄탄한 지식과 이해를 갖추는 것이다.

　지식이 없으면 나쁜 말에 더 귀 기울이게 된다.

　인터넷 게임을 잘하고 싶은가? 그렇다면 그 게임의 모티브가 되어준 신화나 고전을 읽어야 한다. 직장 상사의 말에 휘둘리고 싶지 않은가? 그렇다면 몸담고 있는 회사와 업계에 대해 상사보다 더 잘 알고 있어야 한다. 자고로 사람은 자신보다 더 잘 알고 있는 이를 건드리지 않는 법이다.

이처럼 지식이 쌓이면 어떤 일이 발생했을 때 근본적인 원인을 찾아낼 수 있다. 몸 컨디션이 좋지 않아 집중력이 떨어진 건지, 아니면 정말 하기 싫은 일이어서 그런 건지, 출근길에 난 가벼운 접촉사고 때문인 건지…

지식은 핵심 원인을 찾아내는 데 필요한 사고력과 진단력을 길러주고, 동시에 그 원인에 대한 현명한 대책을 선택하는 데도 큰 도움을 준다.

가장 중요한 것은 가치 있는 일을 판별해내는 데도 지식이 도움을 준다는 것이다. 가치 있는 일을 선택하면 성공을 향한 모든 의욕이 자동으로 당신에게 돌아오게 되어 있다.

리브 보리 Liv Boeree

포커 선수이자 방송인, 작가다. 유럽 포커 투어와 월드 포커 시리즈 챔피언이고 350만 달러가 넘는 우승 상금을 달성한 그녀는 세계 포커 연맹전에서 얼굴이 가장 잘 알려진 선수이고 '철의 처녀Iron Maiden'라는 별명이 붙었다. 올해의 유럽 여성 선수로 4회 선정된 바 있다. 가장 열정을 가진 분야는 과학이고 맨체스터 대학교에서 물리학과 천체물리학을 전공하고 우등으로 졸업했다. 이성적인 의사결정으로 최고의 선을 이루자는 철학인 '효율적 이타주의Effective Altruism' 운동의 열렬한 지지자이기도 하다.

127

"당신 없이 성공하게 하라."

젊은 비즈니스맨들에게 주고 싶은 말은 이렇다.

'그동안 좋은 결과를 보여준 시장은 훌륭한 투자 대상이다.'

'이게 지금 가장 잘나가니까 매입하라.'

이 두 문장을 가장 경계할 것을 당부하고 싶다.

어떤 결과를 놓고 나오는 분석은 대부분 아무런 의미도 없다. 우리가 책을 읽고 성공한 사람에게 관심을 갖는 이유는 정확한 답이나 지름길이 아니라 '직관과 통찰'을 기르기 위해서다. 직관과 통찰은 눈에 보이지 않지만 인생에 막강한 영향력을 행사한다.

또한 자신이 모르는 것, 실수, 약점을 피하지 말고 두려움 없이 직시하기를 바란다. 이는 후회 없는 삶을 살기 위해서다. 노출된 실수나 약점 때문에 실패하는 사례는 거의 없다. 이를 감추려다가 계속 실패할 뿐이다.

나아가 사람들이 당신 없이도 성공할 수 있도록 이끌 수 있는 단계에까지 이르게 되면 당신은 꽤 성공적인 삶을 살았노라 훗날 미소를 지으며 깨닫게 될 것이다.

레이 달리오 Ray Dalio

세계 최대 규모의 헤지 펀드(1,500억 달러 이상)를 보유한 포트폴리오 관리기업 브리지워터 어소시에이츠Bridgewater Associates의 설립자이자 회장이다. 그의 현재 추정 자산은 170억 달러에 이른다. 그는 빌 게이츠, 워렌 버핏과 함께 재산의 절반 이상을 사회에 기부하기로 한 더 기빙 플레지The Giving Pledge 재단의 회원이다.

128

"부름 받는 삶을 살라."

진정 똑똑한 사람이 되려면 '쫓겨 다니는 경향drivenness'을 버려야 한다. 실패하고 좌절하는 사람들의 표정은 늘 뭔가에 쫓기고 있다. 빚, 지각, 데드라인, 두려움, 게으름, 비윤리적 행동, 협잡, 술수, 음모, 유혹, 충동… 쫓겨 다니는 사람은 바람을 탄 나뭇잎과 같다. 어디론가 하염없이 가고 있지만, 어디로 가는지는 절대 알 수 없다.

쫓겨 다니는 사람은 목표에 도달했을 때도 한참이나 길에서 벗어나 있는 자신을 발견한다. 젊은 사람들에게 입이 아프게 얘기하지만, 모든 성공은 여유로움에서 나온다. 제대로 생각하고, 신중하게 실행하고, 관계된 모두에게 이익이 될 때 성공은 비로소 참된 가치를 얻는다.

뭔가에 쫓겨 빠르게 다니는 것과 내면의 부름에 따른 진정성 있는 활기를 혼동하면 안 된다. 쫓겨 다니는 사람은 늘 바쁘다는 말을 입에 달고 산다. 바쁘다는 게 모든 거절의 특효약이기 때문이다. 쫓겨 다니는 사람은 언제나 에너지가 고갈되어 있다. 삶의 모든 연료를 빨아들여 밑바닥이 드러나게 한다. 반면에 내면의 부름을 받은 사람은 늘 삶에 연료를 공급해주고 마음이 노래하게 만든다.

부름 받는 삶을 살아야 할 이유가 여기에 있다.

가보르 마테 Gabor Mate
신경학, 정신의학, 심리학 전문의다. 특히 중독 연구와 치료로 잘 알려져 있다. 《중독과의 조우In the Realm of Hungry Ghosts》를 포함해 여러 권의 베스트셀러를 냈으며 20개가 넘는 언어로 출판되었다. 사이먼프레이저 대학교 범죄학 교수로 있다.

> 처음부터 너무 많이 아는 건 치명적이다. 자기가 갈 길을 알고 있는 여행자나
> 책의 구성이 다 끝난 소설가에게는 금세 지루함이 찾아온다.

_폴 서루Paul Theroux

66

모든 행동 과정은 위험하므로, 신중한 태도는 위험을 피하기 위해서가
아니라(그건 불가능한 일이다), 위험을 계산하고 결단력 있게 행동하기 위해서다.
나태로 인한 실수가 아니라 야망으로 인한 실수를 저지르자.
고난을 이겨낼 힘이 아니라 대담한 일을 할 수 있는 힘을 키워야 한다.

99

_마키아벨리Machiavelli

"ya azizi!"

아랍어로 'ya azizi'는 '마음 느긋하게 가져요'라는 뜻으로 영어의 '마이 디어my dear' 같은 친근함이 담긴 호칭이다.

최선을 다하고 자신을 믿고 뜻대로 되지 않더라도 '마음 느긋하게 가져요, ya azizi!'

모든 면에서 완벽한 결과를 내려고 애쓰면서 책임감에 허덕이는 힘든 시간에는 이 인사를 떠올리도록 하라.

신께서 당신을 도울 것이다. 그러니 '마음 느긋하게 가져요, ya azizi!'

인생은 장기전이다. 이걸 자꾸 잊어버리기에 우리는 극도로 긴장하고 너무 조급한 나머지 방아쇠에만 온 신경을 집중하느라 표적은 무엇인지, 표적이 어디에 있는지를 놓치고 만다.

며칠 싸우면 끝나는 전쟁이 아니다.

최선을 다하고 나서 마음을 느긋하게 갖고 다시 내일의 싸움에 임하면 된다.

이것이 내 유일한 인생의 전략이다.

무나 아부술라이만 Muna Abusulayman

중동의 유명 방송인이다. 2004년 세계경제포럼을 통해 '젊은 글로벌 리더'로 선정되었다. 2007년에는 사우디아라비아 여성 최초로 유엔 개발 계획United Nations Development Program 친선대사로 임명되었다. 2009년과 2010년에는 '세계에서 가장 영향력 있는 이슬람인 500인'에 선정되었다.

130

"레슬링이 나에게 알려준 것들."

레슬러인 나는 당신에게 진심으로 레슬링을 권한다. 레슬링은 누구나 하는 것은 아니지만 모두가 하면 큰 효과를 볼 매력적인 스포츠다. 레슬링에서 터득한 훈련법을 삶에 고스란히 적용할 수 있기 때문이다. 건강을 위한 영양부터 경쟁에 필요한 디테일까지 1년 정도 레슬링을 연습하면 당신은 인생을 자신 있게 들어올렸다가 멋지게 메칠 수 있게 된다.

레슬링을 하면 삶에도 훌륭히 적용되는 다음과 같은 가르침을 얻게 된다.

언제든 반드시 복권에 당첨될 것이라고 생각하지 마라. 그런 일은 일어나지 않는다. 열심히 잘하면서 자산을 쌓는 것, 그것이 복권 당첨보다 더 큰 행운이다. 오랫동안 꾸준히 해야 한다. 매일 노력하고 매일 발전하고 매일 돈을 벌어야 한다. 그러다 보면 어느새 상황이 좋아져 있을 것이다. 물론 시작한 지 1초 만에 폴 승을 거두는 것처럼 첫술에 배가 부를 수 있다면 축하할 일이다.

그런 기대는 절대 하지 마라.

흠뻑 땀이 쏟아지는 일만이 당신을 배신하지 않으리라.

댄 게이블 Dan Gable

댄 게이블은 레슬링 역사에서 전설과도 같은 인물이다. 고등학교와 대학 시절까지 무려 통산 181승 1패라는 전무후무한 성적을 거두었다. NCAA 전미 레슬링 챔피언 2회, 올 아메리칸all-American 3회, 빅 에이트Big Eight 챔피언 3회를 차지했다. 대학시절 단 한 번의 패배 후 매일 7시간 동안 훈련하여 1972년 올림픽에서 단 1점도 허락하지 않고 금메달을 손에 넣었다. 코치로 전향한 후에는 1976년부터 1997년까지 NCAA 전미 레슬링 팀 15회 우승으로 아이오와 대학교 역사상 최다승을 거둔 코치로 기록되었다.

131

"머릿속 잡념을 밀어내라."

물론 기회가 주어지면 남들보다 더 출중한 모습을 보여줄 수 있다. 하지만 젊은 시절에는 그런 기회를 얻기가 정말 어렵다. 그래서 밤새 술을 마시고 주정을 부리고 반항하지만 상황은 변하지 않는다. 내가 젊을 때 그랬고, 내 아버지와 할아버지가 젊을 때도 그랬다. 예나 지금이나 젊은이는 별로 환영받지 못한다.

그럼에도 언제나 변함없는 또 하나의 사실은 끈기 있게 기다리면 기회가 온다는 것이다. 문제는 그 기회가 자신에게 왔는지를 잘 알아채지 못한다는 것이다.

무서운 인내로 기다리면서 찾아온 기회를 놓치지 않으려면 매일 머릿속에서 잡념을 밀어내야 한다. 목표에 이르는 데 도

사린 모든 장애물을 거부해야 한다.

절대 쉽지 않지만, 기회를 움켜쥐는 방법은 이것 하나다.

대런 아로노프스키 Darren Arnofsky
〈파이〉〈레퀴엠〉〈더 레슬러〉 등 마니아들에게 사랑 받는 클래식을 만든 세계적인 영화감독이다. 선댄스 영화제 감독상을 수상했다. 대표작은 작품상과 감독상을 비롯해 아카데미 5개 부문 후보에 오른 〈블랙 스완〉이다.

132

"간발의 차이로 만들어라."

2003년 간발의 차이로 세계 챔피언 타이틀을 잃었다.

정말 뼈가 아픈 패배였다.

억울하고 분했다. 운이 따르지 않았다. 컨디션이 살짝 좋지 않았다. 뭔가에 홀린 기분이었다. 수염을 깎는 게 아니었다. 스퍼트를 내야 할 때 그러지 못했다…

온갖 핑계를 다 떠올려 봐도 결과는 바뀌지 않았다.

하지만 사랑과 진실, 가족, 일 등 나를 가로막고 있던 복잡한 생각들과 삶의 장애물을 한꺼번에 정리할 수 있는 기회이기도 했다. 그 덕분에 나는 세계 챔피언을 다섯 번 더 차지할 수 있었다.

간발의 차이가 아니라 큰 차이로 졌다면 아마도 나는 포기했을 것이다.

모든 패배를 간발의 차이로 만들면 더 큰 성공을 얻을 수 있다.

간발의 차이만큼 인생에 자극을 주는 것은 없다.

켈리 슬레이터 Kelly Slater

〈비즈니스 위크〉는 그를 가리켜 "세계에서 가장 뛰어난, 가장 유명한 서퍼"라고 표현했다. 그는 세계 서프 리그World Surf League 챔피언에 무려 11회나 오르는 기록을 세웠다. 월드 챔피언십 투어에서 54승을 올렸다.

133

"계속해! 자랑스러워질 때까지!"

승리를 위해선 약점을 보완해야 한다.

당신이 당신의 약점을 개선하는 데 소홀히 하면 어떻게 되는지 아는가?

남들의 약점을 보완해주다가 인생을 끝마치게 될 것이다.

나의 가장 큰 실패는 크로스핏 대회에서 2년 연속 2위를 차지한 것이었다. 첫해에는 루키 신분이라 첫 출전한 대회에서 2위를 거둔 건 엄청난 성과였다. 그런데 이듬해에는 모두 내가 쉽게 우승할 것이라고 생각했지만 다시 2위에 그쳤다. 2위에 자리에 오른 게 아니라 2위에 '그쳤다!'

신인 시절 2위를 차지하고는 사람들의 요청으로 그들의 자세를 보완해주는 조언을 해주다가 우승을 놓친 것이다. 이 사실을 깊이 깨닫고 난 후 나는 내 약점에 집중했다. 그 결과 2016년 크로스핏 대회에서 가장 높은 자리에 오를 수 있었다.

머리가 터져나갈 것 같고, 눈에서 불이 뿜어져 나오는 것 같고, 온 발이 물집투성이인가? 그럴 때마다 '계속 해, 계속하면 나중에 내가 자랑스러울 거야!'라는 주문을 외워라.

놀라운 힘을 얻을 것이다.

이런 주문을 잊지 않는 한 매일 거기에 '그치지 않고', 거기서 한 발 더 나가는 기쁨을 만끽하게 될 것이다.

매튜 프레이저 Mathew Fraser
2016년과 2017년 리복 크로스핏 대회에서 1위를 차지하면서 '지구상에서 가장 핏한 남성'이라는 타이틀을 손에 넣었다. 2014년 처음 출전한 대회에서 '올해의 루키상'을 수상했다. 올림픽 유망주 역도 선수였다가 은퇴하고 2012년부터 크로스핏 선수로 전향했다.

134

"성공을 위해 해야 할 일들."

당신에게 세상을 어떻게 살라고 말할 자격이 있는 사람은
없다.

그러니 낮잠을 푹 자라.

탄수화물을 자제하라.

매일 3~4시간은 당신을 위해 보내라.

오프라인으로 일하려고 노력하라.

가끔 명상도 하라.

마음을 느긋하게 먹어라.

중요한 일에 시간을 쏟을 수 있게 해주는 일정표를 짜라.

지나치게 복잡해지지 마라.

매 순간을 후회 없이 살라.

이게 전부다.

지구상 모든 사람이 이렇게 살려고 노력 중이고, 이렇게 사는 사람은 매우 드물다. 두어 가지만 하고 살아도 대성공이다.

블라드 잠피르 Vlad Zamfir
블록체인 건축가이자 이더리움 연구자로 블록체인의 효율성과 확장에 대해 연구한다. 거버 넌스와 프라이버시 해결책에 관심이 많다. '미디엄'에 자주 기고하며 남극에 산다(혹은 사람들이 그렇게 믿어주기를 바라거나).

66

완벽함이란 더 이상 더할 것이 없는 상태가 아니라,
더 이상 뺄 것이 없는 상태다.

99

_생텍쥐페리Saint Exupery

66

목표를 무모할 정도로 높게 잡았다가 실패한다면,
그 실패는 다른 이들의 성공보다 더 성공적일 것이다.

99

_제임스 카메론James Cameron

135

"당신이 누구인지 기억하라."

내가 집을 떠날 때마다 아버지는 말씀하셨다.

"네가 누구인지 늘 기억하라."

나이가 들고 보니 이 말이 매우 심오한 뜻을 담고 있다는 걸 깨달았다. 20대에는 이런 말을 들을 때마다 '아버지, 그게 무슨 말씀이세요? 참 이상하시네. 자기가 누군지 잊어버리는 사람이 어디 있어요? 말도 안 돼요!'라는 반응을 보였었지만 지금은 '아, 아버지가 정말 현명하셨구나' 싶다.

아버지와 비슷한 말씀을 하신 어른이 계신다. 틱낫한Thich Nhat Hanh 스님이다.

현자이신 그는 이렇게 말씀하셨다.

"이른 아침의 나를 기억하라."

젊은 날의 화두로 삼으면 훗날 깊은 지혜를 얻게 될 것이다.

케스케이드Kaskade

프로그레시브 하우스Progressive House라는 음악 장르의 '창시자' 중 한 명으로 널리 인정받고 있다. 그래미상 후보에도 다섯 차례 올랐다.

136

"창의적인 삶을 살고 있는가?"

사람들은 내가 음악도 하고 그림도 그리고 작곡도 하고 촬영 감독도 하고 편집도 하고… 정말 많은 일을 한다고 감탄한다. 그때마다 나는 내가 하는 일은 한 가지뿐이라고 답한다.

창의적인 삶을 사는 것뿐이라고.

창의성을 불어넣으면 할 수 없는 일이 없다.

캐릭터를 구상할 때는 먼저 그림을 그려서 시각적인 형태를 살펴보거나 어떤 소리를 낼지 음악적으로 생각해본다. 그렇게 비선형적으로 구상할 수 있다.

일기를 쓰고 관련 정보를 서로 참고하고 아이디어를 설명하고 스텝과 주변 사람들, 나 자신에게 영감을 주는 것 모두 창의적인 일이다. 스스로 창의적이지 못하다고 생각한다면 그런 생각만으로 얼마나 많은 일을 놓치고 있는지 알아야 한다. 창의성은 태어나면서 모두에게 주어지는 재능이다. 하지만 그 재능을 가꿔나가지 않는 사람들이 너무나 많다.

삶의 모든 영역에 적용할 수 있다는 사실을 모르기 때문이다.

로버트 로드리게즈 Robert Rodriguez
감독이자 각본가, 제작자, 촬영감독, 편집자, 뮤지션이다. 기존의 장르를 뒤엎는 새로운 케이블 방송국 엘 레이 네트워크El Rey Network의 설립자이자 회장이다.

137

"당신의 기여는 언제나 남아 있다."

나보다 살아갈 날이 더 많은 젊은이들에게 다음 5가지만 당부하고자 한다. 이는 내가 살아오면서 많은 경험과 대가를 치르고 얻은 배움이다. 부디 조금이나마 도움이 되기를.

첫째, 당신이 존경하는 소수의 사람들은 지지하지만 아직 문화적인 유행이나 보편적인 통념으로 뿌리내리지 못한 새로운 주제나 영역, 관심사를 찾아라. 이미 보편적인 지식이라면 거기에서 당신이 할 일은 거의 없다. 동시에 당신 혼자만 흥분하는 지식이라면 착각일 확률이 높다.

둘째, '결실이나 보상이 있는 행동인지는 중요하지 않다. 중요한 것은 자신의 직관을 따르는 것이다'라는 조언은 절대 무시하라.

셋째, 자기만족에 그치는 행동이나 시도는 하지 마라. 당신의 행동이 자아실현이나 자기만족보다 더 큰 성취로 확장될 수 있는지에 집중하라.

넷째, 지성인은 인문이나 언어계열 등의 고상한 직업에만 존재한다고 생각하지 마라. 엘리트들은 상업이 천하다고 비웃지만, 상업이야말로 예술이라는 사치품을 비롯해 그들이 원하고 필요로 하는 것을 제공해준다. 귀천을 따지는 것처럼 천한 것은 없다.

다섯째, 당신이 세상에 어떤 기여를 할 수 있는지 생각하라. 부와 명예만을 중시하면 당신의 두뇌와 실력은 매우 수상쩍게 활용될 것이다.

부와 명예는 사라지지만 당신의 기여는 언제나 남아 있다.

스티븐 핑커 Steven Pinker
하버드 대학교 심리학 교수다. 《언어본능》《마음은 어떻게 작동하는가》《우리 본성의 선한 천사》 등 인류사에 길이 남을 위대한 책들을 펴냈다.

"구글보다 빨리 달려라."

2040년의 세상이나 구직시장이 어떤 모습일지는 아무도 모른다. 따라서 오늘날 젊은이들에게 무엇을 가르쳐야 하는지도 아무도 모른다. 분명한 것은 하나다. 지금 학교에서 배우는 것들은 40살이 되면 대부분 쓸모가 없어질 것이다.

그렇다면 어디에 집중해야 할까? 내가 해줄 수 있는 조언은 '개인의 회복력'과 '감성지능emotional intelligence'에 힘쓰라는 것이다.

전통적으로 삶은 두 가지 주요 부분으로 나뉜다. '학습기'와 그 뒤를 잇는 '노동기'다.

첫번째 시기에 인간은 안정적인 자기 정체성을 확립한다. 동시에 개인적인 지식과 일하는 기술도 습득한다. 두번째 시기에는 확립한 정체성과 기술을 통해 세상을 헤쳐 나가고 생계를 유지하고 사회에 기여한다. 2040년이 되면 이러한 모델이 쓸모없어질 것이다. 따라서 평생 동안 배움을 계속하고 끊임없이 자신을 쇄신하는 방법밖에 없다. 2040년의 세상은 오늘날과 완전히 다르고 극도로 정신없는 세상일 것이다. 변화 속도가 더 빨라질 가능성이 높다.

그러므로 지속적으로 배우고 혁신하는 능력이 요구된다. 60살의 나이에도 말이다.

하지만 변화에는 스트레스가 따른다. 특정 나이가 되면서부터는 대부분의 사람이 변화를 좋아하지 않는다. 16살 때는 좋건 싫건 삶 전체가 '변화'다. 몸도 변하고 마음도 변하고 인간관계도 변하고 모든 것이 움직인다. 자신을 새롭게 변화시켜 나가느라 바쁘다. 하지만 40살이 되면 변화를 원하지 않게 된다. 안정을 원한다. 하지만 21세기에는 그러한 사치를 누릴 수가 없다. 안정적인 정체성과 안정적인 직장, 안정적인 세계관을 고수하려고 할수록 뒤처질 것이다. 세상이 나만 남기고 빠르게 날아가버릴 것이다. 끝나지 않는 폭풍우와 높은 스트레스를 헤치고 나가려면 극도의 회복력과 균형 잡힌 정서가 필요할 것으로 보인다.

문제는 감성지능과 회복력은 습득하기가 무척 힘들다는 것이다. 책을 읽거나 강연을 듣는다고 배울 수 있는 것이 아니다. 19세기 산업혁명 시대에 만들어진 현재의 교육 모델에서는 전혀 다루지 않는 영역이다. 그럼에도 불구하고 실행 가능한 대안들 또한 아직 만들어지지 않았다.

그래서 나는 권한다. 어른들의 말을 너무 믿지 말라고. 과거에는 어른들을 믿는 것이 안전했다. 그들이 세상에 대해 잘 알았고 세상도 느리게 변했으니까. 하지만 21세기는 다를 것이다. 경제와 정치, 인간관계에 대한 어른들의 지식이 시대를 앞서가지 못할 것이다. 마찬가지로 '테크놀로지technology'도 너무 믿지 마라. 기술이 인간을 받들게 만들어야지, 인간이 기술을 받들면 안 된다. 조심하지 않으면 기술이 인간의 목적을 대신 지정하고 노예로 만들 수 있다.

따라서 자신에 대해 잘 알아야 하는 수밖에 없다. 자신이 누구이고 어떤 삶을 원하는지 알아야 한다. 고대로부터 내려오는 조언이 있다.

'너 자신을 알라.'

21세기만큼 이 질문이 절박함을 가지는 때도 없다. 경쟁이 너무 치열하기 때문이다. 구글, 페이스북, 아마존, 정부 모두가 빅 데이터와 인공지능에 바탕한 '기계 학습machine learning'을 통해 사람들에 대해 조금이라도 더 알려고 한다. 컴퓨터를 해킹하는 시대가 아니라 인간을 해킹하는 시대에 살고 있는 것이다. 기업과 정부가 우리보다 우리 자신에 대해 잘 알게 되면 우리도 모르는 사이에 통제당하고 조종당할 수 있다. 따라서 밀리지 않으려면 방법은 한 가지다.

구글보다 빨리 달려야 한다.

행운이 있기를!

유발 하라리 Yuval Harari

세계적인 베스트셀러 《사피엔스》 《호모 데우스》 《21세기를 위한 21가지 제언》의 작가다. 2002년 옥스퍼드 대학교에서 박사학위를 받았고 현재 예루살렘에 있는 히브루 대학교 역사학 교수로 재직 중이다.

"건강이 최우선순위에 있는가?"

2014년 라임병에 걸린 후 9개월 동안 나는 내 몸의 10퍼센트 기능밖에 사용하지 못했다. 이 일을 계기로 인생의 최우선순위에 '건강'을 올려놓았다.

라임병에 걸리기 전에도 운동을 하고 잘 먹기는 했지만, 건강은 상황에 따라 충분히 절충 가능한 우선순위였다. 하지만 일생일대의 착오였다.

부디 당신은 나와 같은 실수를 하지 않기 바란다.

숙면을 취하지 못했는가?

근무하는 낮 시간 동안 1분씩이라도 꾸준히 자라.

운동을 자꾸 미루는가?

엄격한 코치를 고용해 압박을 만들어라.

생일파티 모임이 밤에 있는가?

이튿날 오전까지 충분히 잘 수 있는 날이 아니면 참석하지 마라.

건강만큼 인생에 막강한 영향력을 행사하는 괴물도 없다. 비즈니스와 인간관계의 꽃은 '건강'임을 기억하라.

건강을 우선순위에 두지 않으면 그것을 되찾는 데 엄청난 시간과 비용을 잃게 된다. 또한 명심할 것은 잃어버린 건강을 되찾지 않으려고 하는 사람은 단 한 명도 없다는 것이다. 그러니 건강을 잃으면 반드시 치명적인 대가를 치른다.

100퍼센트가 아닌 50퍼센트만 건강을 1순위로 삼는 것은 아무런 효과가 없다. 전부가 아니면 전무의 법칙이 여기에도 적용된다.

100퍼센트가 아니면 당신은 끊임없이 타협하려고 들 것이다.

젊은 당신의 강철 체력은 지금도 조금씩 녹슬어가고 있다는 사실을 알라.

인생의 최대 목표는 건강이다.

팀 페리스

> 사람들은 세상을 바꾸겠다고 곧잘 얘기하지만,
> 어느 누구도 자기 자신을 바꿀 생각은 하지 않는다.

_레프 톨스토이Leo Tolstoy

66

성취하는 사람들은 그냥 물러앉아 일이 일어나기를 기다리지 않는다.
그들은 밖으로 나가 일이 생기게 만든다.

99

_레오나르도 다 빈치Leonardo Da Vinci

옮긴이

박선령

세종대 영문과를 졸업하고 출판번역 에이전시 베네트랜스에서 활발한 활동을 펼치고 있다.
세상 곳곳에 숨어 있는 좋은 책들을 국내 독자들에게 발굴, 소개하는 데 주력하고 있다.

정지현

현재 미국에 거주하면서 베네트랜스에서 번역가로 일하고 있다.
몸은 정적이고 머리는 동적인 이 작업을 사랑하는 그녀는 오늘도 즐거운 고민을 하면서 글을 옮긴다.

마흔이 되기 전에

1판 1쇄 발행 2018년 10월 15일
1판 8쇄 발행 2022년 4월 28일

지은이 팀 페리스
옮긴이 박선령 · 정지현
발행인 오영진 김진갑
발행처 토네이도미디어그룹(주)

기획편집 박수진 박민희 박은화 진송이
디자인팀 안윤민 김현주
마케팅팀 박시현 박준서 김예은 조성은
경영지원 이혜선 임지우

출판등록 2006년 1월 11일 제313-2006-15호
주소 서울시 마포구 월드컵북로5가길 12 서교빌딩 2층
전화 02-332-3310 팩스 02-332-7741
블로그 blog.naver.com/midnightbookstore
페이스북 www.facebook.com/tornadobook

ISBN 979-11-5851-108-1 03190

이 책은 저작권법에 따라 보호를 받는 저작물이므로 무단전재와 복제를 금하며,
이 책 내용의 전부 또는 일부를 사용하려면 반드시 저작권자와
토네이도미디어그룹(주)의 서면 동의를 받아야 합니다.

잘못되거나 파손된 책은 구입하신 서점에서 교환해드립니다.
책값은 뒤표지에 있습니다.

이 도서의 국립중앙도서관 출판예정도서목록(CIP)은 서지정보유통지원시스템 홈페이지
(http://seoji.nl.go.kr)와 국가자료공동목록시스템(http://www.nl.go.kr/kolisnet)에서
이용하실 수 있습니다. (CIP제어번호: CIP2018028675)